发展长寿养生产业研究

广西贺州市社会科学界联合会 主编

世界图书出版公司
广州·上海·西安·北京

图书在版编目（CIP）数据

贺州市发展长寿养生产业研究／广西贺州市社会科学界联合会主编．--广州：世界图书出版广东有限公司，2017.8

ISBN 978-7-5192-3702-8

Ⅰ．①贺… Ⅱ．①广… Ⅲ．①养生（中医）－服务业－经济发展－研究－贺州 Ⅳ．① F719

中国版本图书馆 CIP 数据核字（2017）第 219466 号

书　　名	贺州市发展长寿养生产业研究 HEZHOUSHI FAZHAN CHANGSHOU YANGSHENG CHANYE YANJIU
主　　编	广西贺州市社会科学界联合会
责任编辑	汪再祥
装帧设计	陈小雨
出版发行	世界图书出版广东有限公司
地　　址	广州市海珠区新港西路大江冲 25 号
邮　　码	510300
电　　话	（020）34203432
网　　址	http://www.gdst.com.cn/
邮　　箱	wpc_gdst@163.com
经　　销	新华书店
印　　刷	虎彩印艺股份有限公司
规　　格	787mm×1092mm　　1/16
印　　张	6
字　　数	100 千
版　　次	2017 年 9 月第 1 版　2018 年 8 月第 2 次印刷
国际书号	ISBN 978-7-5192-3702-8
定　　价	38.00 元

版权所有　侵权必究

编委会成员

顾　问：朱　东
主　任：向　云
副主任：邱　彧　秦克宏
成　员：杨主泉　潘晓东　陈红英　陈　朵　陈秋艳　叶欢敬
　　　　刘原丹　黎灵贵　黄金定

2016年10月19日,贺州市领导李宏庆(左一)、朱东(右一)代表贺州接受国际人口老龄化长寿化指导委员会副主席邹平(左二)和国际地理联合会健康与环境委员会主席汤马斯·克拉福(右二)颁发的"世界长寿市"证书和牌匾。

贺州"世界长寿市"证书

贺州"世界长寿市"牌匾

昭平县"中国长寿之乡"牌匾

富川瑶族自治县"中国长寿之乡"牌匾

钟山县"中国长寿之乡"牌匾

昭平县"国家级生态示范区"牌匾

昭平县"中国最佳休闲旅游县"牌匾

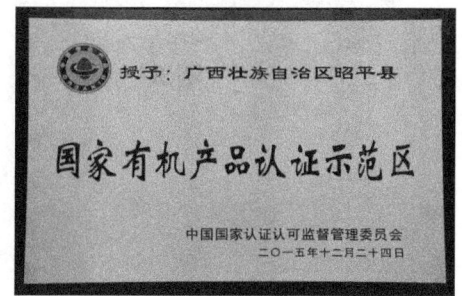

昭平县"国家有机产品认证示范区"牌匾

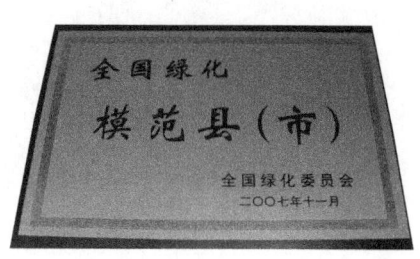

昭平县"全国绿化模范县"牌匾

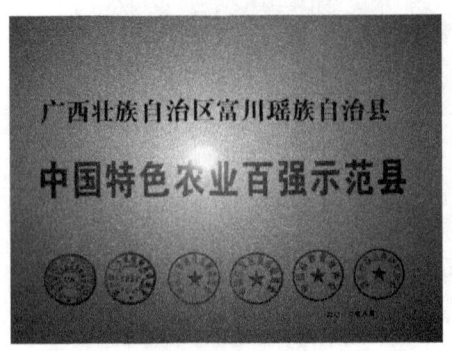

富川瑶族自治县"中国特色农业百强示范县"牌匾

富川瑶族自治县"国家级出口食品农产品质量安全示范区"牌匾

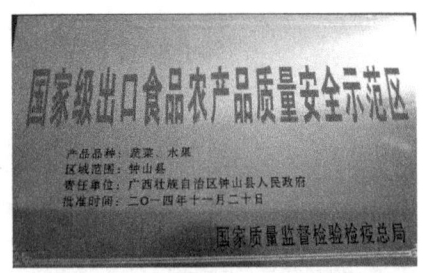

钟山县"国家级出口食品农产品质量安全示范区"牌匾

昭平县"全国农业旅游示范点"牌匾

富川瑶族自治县福利镇"国际慢城"旗帜

贺州市"中国长寿美食之都"牌匾

贺州市"全国森林旅游示范市"牌匾

2016年贺州市特色长寿美食、特色旅游商品评选活动开幕式

2017年"中国旅游日"广西分会场暨长寿贺州主题推广活动

黄姚古镇长寿簸箕宴

贺州百岁老人

第十届广西(贺州)园林园艺博览会开幕式

贺州市园博园长寿阁

贺州市园博园内景

长 寿 赋

朱 东

岁值丙申秋月，金风送爽，玉露盈盈。世界长寿机构专家凡二十余众，莅会京华，郑重认证，昭告天下：贺州乃"世界长寿市"也！并颁证授匾为据。倏然之间，九州瞩目，万众聚焦，处处言之喈喈，微信熙熙。市府遂嘱余记之，余乃欣然敲盘击键，检字撰词，望能抒此风云盛事。

贺州，旧谓临贺，史载绵长，有战国神尊麒麟为凭。地处五岭延脉，位踞三省通衢，古有潇贺石道，今有高铁坦途。山奇嶂翠，泉水丰沛，紫土青泥，卉木茂盛。春时穆穆贺江，竹涛阵阵，蒲草舒旖，荇菜展旎；夏常轻雷飒飒，霁雨修眉，香樟葳蕤，芙蕖妩媚；秋来稻香收岚气，胭染金桂，慈橙喜柑，瓜果逸香；冬至棠桥映彤霞，灯蕾闹寒，嘉木含黛，松林抱暖。

连绵渚岭，奇崖妙壁，峰兀云淡。迤逦之江，碧水潋滟，清可掬饮。富硒沃土，璞石归真，吉芽福树，瑞雨祥雾。风清气洁，负离子强，天赐氧吧，禅益心腑。醇酒美食，酿菜称奇，油茶豆豉，香溢四邻。天贺之州，物宝地酬。遂百龄眉寿辈出，胡考比肩，济济一堂。

长寿之缘盖出于此乎？非全也！余尝寻百岁之道，老叟捋须笑曰："无他，惟心清净，乐观豁达耳！"嗟乎！甚得我心！人之意念，传及五脏，七情六欲，表于经脉。生逢盛世，身处太平，澄怀味象，淡益泊居，焉能不乐？闻法思圣，向善修业，何来惊惧？行端体健，气定神闲，自然生生不息，命如菁华。

又有仁者曰：寿者之众，或因孝悌斐然。余亦同感，此地父慈子孝，夫唱妇随，兄友弟恭，乡亲邻睦。德音善乐，清胜莲香，仁义书声，有椒其馨。此不可不谓之寿德也！

予观长寿之道，基因者，寿之本也，天然，心然，孝然，寿之要也。人若能回归初心，颐淳朴之态，存乐观之念，养浩然之气，凝进取之神，则可享龟鹤遐寿矣！

寿之有长短，人不可预，长者固可慰，短者不须惘。人生一世，草木一秋，当惜时争光，笃信奋勉，寿而有为，不移白首之心，不坠青云之志，以有限之时，谋经远之业，以思想之光，照人生之旅。此不亦上善乎？

美哉，长寿贺州！独寿不如众寿，羽葆参议，禅意自来，且此地宛然如仙境，天上人间何甄？不须归也！

前 言

现代养生养老保健产业是伴随着社会人口老龄化加剧以及亚健康状态日益凸显而迅速崛起的新兴业态。据有关专家预测，2000年至2050年期间，全球60岁以上人口比重将增加1倍，从10%增加到21%，儿童人口比重下降三分之一，从30%下降至21%。在一些发达国家及转型期经济大国，老年人口已超过儿童人口，迎来了老龄化社会。预期在今后二十五年内，老年人口以年均2%的速度增长，老年人口比重将继续比其他年龄组呈现出更快的增长趋势，预计2025～2030年，60岁以上人口的的年均增长率达到2.8%。老龄化社会是经济发展以及知识经济时代的必然产物，如何应对老龄化社会出现的各种问题，是当前亟待解决的重要课题。《2002年老龄问题国际行动计划》中呼吁人类要改变态度、政策和做法，发挥老龄化人口的资源潜力，其目标在于确保所有人都能有尊严地步入老年，并作为享有充分权利的公民参与社会。

在人类漫长的发展历程中，长寿与健康一直是人类的向往与追求，养生文化不断的继承发展和融合演变，在不同的国家、不同的地域，形成了形态各异的养生文化体系。随着时代的不断发展，越来越多的学者在养生概念界定上给出了不同答案，随着概念一起发展的还有人们对于养生理念的不断深化理解，特别是进入21世纪，人类逐渐迎来了老龄化与消费观念裂变的时代，人们对于养生的关注超过了历史上的任何一个时代，健康养生需求成为人们继温饱需求之后的又一大发展趋势与时尚热点，其中，较为著名的有美国的养老养生、瑞士的抗老养生、日本的温泉养生、法国的庄园养生、韩国的美体养生、阿尔卑斯的高山养生等。

贺州市自然生态资源禀赋非常丰厚，其昭平县、富川瑶族自治县、钟山县先后荣获"中国长寿之乡"称号，成为全国唯一实现"中国长寿之乡"县域全覆盖的地级市。2016年10月19日，贺州市在首都北京举行的"世界长寿市"认证会上，经过国际人口老龄化长寿化专家委员会、中国科学院地理科学与资源研究所、中国社会经济系统分析研究会的专家学者认证，正式成为"世界长寿市"。2016年，贺州市60岁以上人口有33.4万人，占总人口的13.93%，其中百岁以上的长寿老人就有458位，占总人口比例达到了19.1/10万人。贺州"世界长寿市"品牌，是一张来之不易的地域特色的靓丽名片。

随着中国人口老龄化趋势的加剧，休闲养生和疗养保健等产品的市场需求将越来越旺盛，在此背景下，长寿养生广泛的扩展空间与现实市场需求二者之间存在着高度契合，无论是从区位交通、用地条件还是市场依托、资源潜力等诸多方面分析，贺州均具备巨大的休闲养生潜力和广阔的市场前景。但是，从现实条件来看，目前资源开发利用效益很低，缺乏精品，产业融合度不够，特别是长寿养生养老文化产业发展水平有待进一步提高。

"长寿之乡"的含金量在于它是一个综合性的社会品牌，是一个地方经济发展、社会和谐、生态良好的综合体现，是社会文明程度的重要标志。切实加强贺州长寿养生文化的科学研究，大力探索并结合实际走出一条符合贺州市情实际的长寿养生养老产业发展新路子，建立健全布局合理、特色鲜明、具有较强竞争力的健康产业体系，不断扩大"世界长寿市"的品牌效应，是实现贺州科学发展、转型跨越的战略举措和有效途径。《贺州市发展长寿养生产业研究》从贺州市长寿养生资源的禀赋优势科学定位、合理利用以及产业规划发展等方面，对贺州市长寿养生产业及文化进行全面而深入的研究，以求将贺州打造成为国际长寿养生类产业发展的标杆，最终实现长寿养生产业及养老服务业的跨越发展，进而实现全市经济、环境、社会效益的最大化，推动贺州全面深化改革，加速全市各行各业全面协调和可持续发展。

目录 CONTENTS

前言 / 1

第一章

国内外研究综述 / 1

一、国外研究进展 /2

二、国内研究进展 /4

第二章

养生研究 / 7

一、养生概念 /8

二、养生发展历程 /9

三、养生主要类别 /20

第三章

长寿养生产业的发展环境和态势分析 / 25

一、发展环境 /26

二、发展态势 /31

第四章

贺州长寿养生产业开发的优势及条件分析 / 43

  一、资源优势分析 /44

  二、优势及基础条件 /53

  三、机遇与挑战 /58

第五章

贺州长寿养生产业发展战略 / 61

  一、指导思想 /62

  二、发展定位 /62

  三、产业体系 /62

  四、空间布局 /63

  五、对策措施 /70

后记 / 73

参考文献 / 74

第一章

国内外研究综述

一、国外研究进展

在欧美国家,养生(Wellness)一词是在1961年被美国Halbert Dunn医师首次提出,由Wellbeing(幸福)和Fitness(健康)两词各取一部分结合而成。在Halbert Dunn医师看来养生的较高境界就是自我丰盈的满足状态。这一观点被Ardel、Travis等专家所采用;Travis认为养生并不是一种一直静止不变的状态,而是一种状态、过程与态度。有学者指出:目前世界上有许多国家都已经开展或者正准备开展养生旅游,许多国家通过开展养生旅游成功的吸引了大量的游客前来体验,许多游客最初是希望通过养生旅游治疗自身皮肤或其他的一些疾病,结果取得了意外的效果,使得更多的人开始增加了对健康的关注,改变了许多人们对通过旅游治疗疾病、改善健康问题的偏见。Mueller 和 Kaufmann(2001)对养生旅游的定义是:人们旅行和居留中所产生的所有关系和现象的总和,其主要动机在于保持和提升健康。他们停留在某一专门的酒店,在那可以提供相应的专业技能和个人护理。Ross(2001)则认为养生旅游是指人们出于对自身健康的需求,离开自己的居住地到大自然去进行疗养的整个过程。伯尔尼大学休闲研究中心(2006)提出:"养生旅游是指所有以维护健康或者促进健康为需求目的的空间移动活动所产生的各种关系与现象"。Melanie Smith和László Puczkó(2009)认为养生旅游是健康旅游的一种形式,是与医疗、治疗有关的旅游活动。Robyn Bushell和Pauline J.Sheldon(2009)认为养生旅游是一种整体性旅行方式,它是对身体健康、美容、长寿、增强自觉意识和精神警惕性的一体化寻求,并与社区、自然和神秘相联系。在经济全球化和知识经济背景下,市场竞争态势经由产业发展战略向产业集群战略演化,产业集群作为一种广泛而又独特的产业组织形式,在国外研究中取得了一定的进展,并逐渐成为近些年来的研究热点之一。国外研究中,直接涉及生态健康产业集群的专门文献比较少。国外对产业集群的研究,主要集中在以下几个方面。

(一)基于集聚经济效应视角的研究

产业集群是相关企业基于一定的经济联系集中在特定区域范围内,形成

田园夕照

的类似生物有机体系统的区域产业群落,经济效应的产生是发生产业集聚现象的主要动因。韦伯的集聚经济理论,从微观企业的区位选择角度进行了深入的分析,阐明企业是否集聚取决于集聚带来的好处与成本的对比;马歇尔的外部经济理论认为,企业利用地理接近性,通过规模经济使企业有利于降低交易成本。

(二)基于竞争力视角的研究

Bozarth(2007)将供应链管理和产业集群理论结合起来进行了相关研究,认为产业链管理的成败直接影响到集群竞争优势的强弱;Watanabe(2009)等从波特的五力竞争模型出发,对大连软件产业集群的竞争优势进行了深入探讨,认为地方组织制度是产业集群保持竞争优势的关键因素。

(三)基于区域创新网络视角的研究

随着研究的不断深入,国外相关研究将创新理论上升到"区域创新系"的层面,出现了出"学习型区域",这一学派学者们认为企业的创新过程有路径依赖现象,企业在运作过程中与其他行为主体结成网络,并与制度、社会文化环境进行整合,才能够不断的创新。如,Gossian(1998)在研究中提出,新产业区是学习型的区域，区域内的行为主体在网络连接的过程中只有不断进行集体学习，才能促进区域创新网络与区域创新环境的互动，进而才可实现企业的空间集聚和新产业区的可持续发展。此后的诸多学者对这一研究领域进行了深入的探讨，创新网络研究成为产业集群研究中的一大热点。

二、国内研究进展

中国自古以来就没有停止过对养生之道的研究，经过数千年的发展，如今已经形成了一套完整的具有中国特色的养生理念。养生，古人称之为"摄生"、"道生"、"保生"，养生一词最早出自《庄子卷一·养生主第三》，在古人看来，"生"的意思是生命，暗含生生不息之意；"养"，即为保养、调养、补养。养生的意思就是通过各种手段保养自身生命。春秋战国时期《吕氏春秋》中著有"知生也者，不以害生，养生之谓也"，简言之，养生就是保养生命，既包括养心，又包括养身。国内关于养生产业的研究，主要表现在养生产业发展以及产业融合等方面。

（一）养生产业发展

石怀春（2016）认为，养生产业的发展必须要大力挖掘特色养生文化，

桂江牧歌

培育养生文化品牌，积极发展"六养"文化旅游，宣传养生文化品牌；重点开发产品产业链，扩大养生文化品牌。吴晓亮（2016）以海南为例，认为温泉地热旅游资源是海南旅游产业体系中的亮点，它具备深入挖掘、形成品牌的可能性，通过完成温泉养生产业的基础建设、丰富产品内涵、提升文化品位、完善保障措施等途径，在标准、特色、可持续发展这三个方面有大的突破，使之真正成为海南旅游产业升级中的重要载体。陈文捷（2016）提出广西健康养老养生产业要抓住市场需求，合理整合产业资源，提升产业融合力度，建立良好竞合关系，利用政府职能，加大产业投入，并打开国际市场，实现经济效益、社会效益、环境效益共赢，为健康养老养生产业发展提供新的增长空间和注入新的活力。何云灿（2015）指出随着经济社会的快速发展和城市建设的不断扩张，人们追求慢节奏生活、休闲养生、生态养老生活的意愿日益凸显，各地应审视并利用发展养生养老的有利条件，顺应经济社会发展趋势，以国际化新理念创新旅游建设与管理模式，策划一批养生养老产品，搭建一批养生养老发展平台，培育形成养生养老产业。张跃西（2010）在分析有机茶产业养生旅游价值的基础上，探讨了基于有机茶产业的养生旅游开发原则，提出了休闲茶业养生旅游产品开发方案和品牌创建对策，进而讨论了发展养生旅游的措施与战略意义。

（二）养生产业融合

一是与旅游的融合。余子萍、王丽等人（2010）认为，养生旅游是以提升生活水平、促进身心健康、延年益寿为主要目的，在养生旅游目的地依托养生旅游资源的基础上，融合当地特色养生文化、养生保健以及养生旅游方式为一体的综合性旅游体验模式。二是与中医药的融合。周亚东（2014）提出挖掘、整理与保护安徽传统中医药养生历史文化资源，发挥政府的主导作用，实施养生品牌战略，推进特色化经营，规范市场行为，营造科学健康的养生市场环境，加强中医药养生产业产学研合作，加快中医药养生产业高素质人才的培养，将旅游开发与中医药养生产业推广相结合。三是与民族传统文化的融合。鄢行辉（2010）认为自古以来，我国人民就十分重视养生保健，在生活实践中创建了系统的养生理论，我国传统养生内容丰富，涉及到养生保健、延年益寿的方方面面，在增进人类健康，延长寿命方面做出了巨大贡献。市场经济条件下，我们可以对博大精深的民族传统养生进行产业开发，在带来一定经济效益的同时将其发扬光大。四是与林业的融合。高树杰等（2016）提出了"森林养生"是指依托森林资源或森林环境，生产出满足人们健康养生需求的产品的体验活动，并通过对其意义、特点的分析，以太子山林管局作为例子进行探讨，寻求发展前景的途径。五是与农业的融合。刘年艳（2016）提出大力发展现代养生茶产业的战略意义，并从资源、生产能力、品牌、产业化模式、市场等方面研究了我国养生茶发展的现状与发展态势，分析了目前存在的主要问题，提出了大力发展我国养生茶产业的政策建议。麻益军（2013）基于养生（养老）产业的发展前景和丽水市建设长三角"养生福地"的实践探索，以丽水市农家乐为例，分析农家乐在养生（养老）产业经济体系中的地位、作用及面临的问题，从产业融合的视野提出农家乐发展理念设计在顶层、保障条件在政府、布局策略重资源、目标考核重养生、提升内涵是根本等方面的新思路。

第二章

养生研究

一、养生概念

养生,是养护保养生命,以达长寿。养生是指有目的地通过各种手段护养人体生命的行为,即根据人体生命过程的活动规律所进行的物质与精神的身心护养活动。既包括生理层面的养生,注重身体机能的维护和康复,也包括心理层面的养生,强调内在精神的平衡和祥和。按照层次划分,生理层面的养生包括养颜、养体、养老;心理层面的养生包括养心、养性、养神。养生活动理应融入传统保健知识。最早的中医学著作《黄帝内经》包含着丰富的养生理论,它认为养生是一种预防医学,是在天人合一的状态下,法阴阳,畅情志,节饮食,并通过适当的活动,来达到"治未病"、"消未患"的防病健体、延年益寿、繁衍生息的目的。从传统文化角度看养生,它是一种处世哲学,是一种天、地、人三者之间的和谐共生。求简求静的生活方式是一种退隐的养生智慧。养生产业,是指满足人类健康养生需要的生态工业、生态农业、健康产业以及文化艺术服务业,是促进和谐社会建设,推进物质文明、精神文明与生态文明的重要产业,包括有机国药产业、有机茶产业、温泉产业、生态休闲产业以及养生文化服务业等。

"养生",就是对生命的养护。中医养生是指在中医理论指导下,遵循

贺江山水

龟石晨牧

生命发展的规律，倡导科学健康的生活理念和生活行为方式，并通过各种适合于个体差异的养生方法，以达到培养禀赋、促进发育、增强健康、预防和减少疾病、推迟衰老乃至延年益寿的目的。养生的核心目的是增强健康。换句话说，养生就是对健康状态的调节、管理和维护。其内涵可以从4个方面理解：一是有中医理论指导。任何背离中医理论或与中医理论相左的行为方式，不属于中医养生的范围。比如，各种按摩推拿，要在中医经络、腧穴等理论指导下进行，而那种不讲经络腧穴的胡乱按捏就不是中医养生。二是遵循生命的自然规律。任何有违生命规律、背离生命常理的行为，市面上各种花样翻新的"养生"绝招，多数是荒诞骗人的。三是科学健康的生活理念和行为方式，也就是正常的人生观和良好的生活习惯，这是人类共同的经验。四是个体差异。养生方法千万种，只有适合养生者自身特点的方法，才是最好的最有效的方法，市面上不讲个体差异、千篇一律的培训、指导都是不足取的。

二、养生发展历程

（一）先秦时期 - 诸子百家养生之论

从有文字记载看，中国养生学的始萌，可追溯到殷商时代。甲骨文考证，当时人生病祈祷祖宗保佑，对日常生活中的吉凶祸福和健康状况也不时卜问，进而举行不同形式的祭祀活动以清除不祥，祈求福佑。这是养生思想的萌芽。甲骨文出现个人与环境卫生的文字记录，如沐、浴等，并已有小疾臣这种管理治疗疾病的职官。殷墟出土实物中，还有盘、勺、壶等盥洗用具，证实殷人对个人很重视。

到西周，养生思想进一步发展。周代设有食医专门掌管周王与贵族阶级的饮食，指导六饮、六膳、六馐、六酱等多方面的饮食问题，提出饮食调理要与四季气候相适应，并有了专职主管环境卫生的职官，如庶氏掌除毒蛊，翦氏掌除蠹物，壶涿氏掌除水虫，使水清洁，并有藏冰及简单理发器具等，这些说明周人对发病学有初步

山间飞瀑

认识，开始主动讲究卫生，防治疾病，保养身体，顺应自然的思想开始萌芽。

春秋战国时期，文化发展，人们进一步探求疾病防治和健康保养，先秦诸子学说中，养生思想最丰富深邃，对后世影响最大的首推老子和庄子为代表的道家学派，老子首先提出顺应自然的养生保健理论，他的养生观主要是清静无为、归真返朴、顺应自然，他还认为人之生难保易灭，气难清易浊，只有少私寡欲，守静笃，才能知足常乐，人要根深固柢，才是长生之道，养生的根蒂在于保精。如何保精？就是后世医家和养生家尊为宗经的恬淡虚无、少思寡欲的养生思想，这种养生思想在中国历史上长久流传，成为人们对长生追求的圭臬。庄子进一步发展老子的学说，他认为人的养生要依乎天理，依照人的自然属性自然地发展，对气功导引养生有深刻的理解（吹嘘呼吸，吐故纳新，是导引中的呼吸运动；熊经鸟伸，是导引中的肢体活动)，自然规律的运行从没有停留和积滞，动形养生始于庄子。

（二）秦汉时期

西汉初年开始，统治者追求长生不老之术，促进了养生文化的兴盛，出现很多伟大的养生学家、医学家，如仓公、刘安、王充、华佗、张仲景等，相继问世了《淮南子》《华佗秘笈》《伤寒杂病论》《马王堆古医书》等名著，最引人注目的是《黄帝内经》。

《黄帝内经》成书于西汉时期，包括《素问》和《灵枢经》两部分，是我国现存最早的医学理论经典著作，系统论述了中医的基本理论，汇集了先秦时期的各种养生观点，首次专门从医学的角度探讨养生问题，为中国养生学奠定了扎实的理论基础。

《素问》中论养生的《上古天真论》《四气调神大论》发展了古代养生思想。《上古天真论》中，对健康长寿的养生保健之道，概括为"法于阴阳，和于术数，饮食有节，起居有常，不妄作劳"，"虚邪贼风，避之有时，恬淡虚无，真气从之"，总结了当时人们对养生保健的认识，包括顺应自然、修身养性、守静养神、食居卫生以及对生命起源和衰老的认识。《灵枢·决气》中指出，综合调理，使"五脏坚固，血脉和调，肌肉解利，皮肤致密，营卫之行，不失其常"，才能百岁乃得终。《黄帝内经》认识到长寿与先天因素和后天调摄的关系。其中的具体养生术，具有实用养生价值。《黄帝内经》的理论和实践，在中国养生文化史上产生过极大的影响，后世的许多养生著作，都是在此书基础上发展完善起来的。

东汉时，在《黄帝内经》养生带动下，中医养生学日趋繁荣，很多医学家长于养生，以王充、张仲景、华佗为代表。王充最早提出了寿命与遗传的关系，他认为，人的生命和精神是以精气为物质基础的，一个人后天体质强弱、寿命的长短与先天禀气的厚薄有关，子女的体质强弱、夭寿与父母的禀气强弱有关，"气遍则体强，体强则命长；气薄则体弱，体弱则命短"，人要延长寿命，应养生自守，爱精自保，适辅服药引导，方可益寿延年。王充还提出优生优育的主张。张仲景在《金匮要略》中提出了若干具体的养生原则，如"若人能养慎，不令邪风干忤经络"，"房室勿令竭乏"以及提倡导引、吐纳等，综合了多种养生方法,对后世影响很大。东汉的华佗对动形养生贡献很大,认为运动是祛病延年的重要途径,创立了模仿虎、鹿、熊、猿、鸟动作的健身方法五禽戏,把肢体活动和呼吸吐纳有机结合到一起,通过气功导引使体内逆乱的气血恢复正常状态,以促进健康。他自己坚持锻炼,年且百岁犹有壮容。

(三)魏晋南北朝

魏晋南北朝时期,战乱频繁,士大夫阶层退而独善其身,沉醉于养生之道,在意识修养方面迷恋于老庄之学,主张清静无为,顺应自然,在具体的养生实践上,则由重视导引吐纳转向炼丹服食,养生学方向偏离正常轨道。其中有一部分人系统整理补充继承前人的养生理论,代表人物有嵇康、葛洪、颜之推、陶弘景。他们信奉道教,集中体现了道家的养生之道。嵇康是三国魏末人,竹林七贤之一,所著《嵇中散集》中有《养生论》,阐述了一些养生保健之道,为历代名家所称道,他主张防微杜渐,调摄精神,养生保健,"措身失理,亡之于微,积微成损,积损成衰,所以要修性以保神,安心以全身",病从口入,要注意服食养生,以五谷为养、五禽为益、五果为助、五菜为充,

乡村美景

文笔塔影

使身体得到营养,同时注意饮食节制,才能益寿延年。嵇康还积极提倡"绥以五弦"的音乐养生法,弹五弦,使人在优美的曲调气氛里,心旷神怡,万虑俱消,对精神和形体有明显的颐养功效。葛洪是东晋时期的道教理论家,强调养生"以不伤为本,爱之于微,必成之于著",把保精作为养生保健的大法,首创了胎息功法。他认为,除六害是养生的基本法则,"夫善养生者,先除六害,此后可延驻于百年。一曰薄名利,二曰禁声色,三曰廉货财,四曰损滋味,五曰除佞妄,六曰去沮嫉。六者不除,养生之道徒设尔",就是要恬愉淡泊,涤除嗜欲。还指出,生活起居有规律,有利于健康,主张动以养形,吐纳炼气,房事上不主张禁欲,也反对纵欲,要在节、宣两字着眼,唯有得其宣、节之和,可以不损,从现代养生理论看来颇有道理。颜之推,北齐文学家,《颜氏家训》中有《养生篇》,反对遁迹山林、超然尘滓的炼丹学仙之道,认为生不可不惜,不可苟惜,主张从爱精神、调气息、慎起卧、适寒暄、忌饮食、饵药物等方面,对身体进行全面调养,要活到老学到老,有积极的养生意义。南朝齐梁时期道家陶弘景的养生方法也很有特色,著述宏富,仅养生著作有若干部,如《养性延命录》《导引养生图》《养生经》

等。《养性延命录》是现存主要的养生著作，收集整理了南朝以前的养生论述，提倡调神、养性、服气、保精、导引、按摩等传统养生保健方法，很有实用价值。他认为，形神相依，主张清心寡欲以养神，导引运动以养形。人的寿命固然与先天因素有关，但后天的调养更为重要，提倡节用，减少不必要的消耗。晋朝魏夫人所撰《黄庭经》和张湛所著《养生集要》，也是这一时期的养生文献，《黄庭经》主要阐述了道家的炼丹之术，《养生集要》原书久佚，但其中的衣着、饮食、沐浴、导引等养生方法，仍被保留在其他医书中。

（四）隋唐五代

隋唐五代时期，养生文化进一步发展，出现孙思邈、司马承祯等重要养生学家。唐人孙思邈的养生思想比较全面，主张静养，又赞成运动，既倡导药治，又推崇食补，既重视保精，又反对绝欲，不但涉及到衣食住行与养生的关系，而且专门探讨了老年保健问题，对后世养生文化发展产生了重大影响。孙思邈总结了唐以前的临床经验和医学理论，著有《千金要方》和《千金翼方》，有论述养生的专卷，从不同侧面论述了养生保健的要旨，理论更为系统、全面，也更加切合实际。唐人司马承祯著《天隐子养生书》和《坐忘论》，大抵本于老庄，阐述了内修养生的理论和方法，创立了各种服气法、导引法，最大特色在于能够运用中医理论探讨服气、导引的作用机制。隋唐五代时期，还引进了佛国、天竺国按摩法和释家禅定养生法。孙思邈的《备急千金要方》中记载有18式保健动功，"按摩日三遍，一月后百病并除，行及奔马，此是养身之法。"通过此法导引，能达到理气活血、疏通经络、祛病强身之效。释家的禅定法，是佛教的修习者静坐养心的一种养生方法，禅定的要点就是安静而止息杂虑，通过静坐敛心，达到一种身心愉悦、

观照明静的状态。佛教的禅定对后世的气功调摄养生法影响较大,中国历代气功流派中,以调心入静为主的禅定派,就是以佛教禅定为主的一种气功功法。隋唐时期,气功开始被道教吸收,而且逐渐形成最能体现道家养生特色的存思和内丹两大流派。存思又名存想,是一种专以调神为基本的练功手段的气功功法,与禅定派有相似之处,即强调以意念为主的锻炼,不同之处在于存思派要求用一种假设或想象的方法以集中意念。在道教早期的经典《太平经》中,存思法就得到较为详细的记载。隋唐以后,道教存思派气功得到进一步发展,内容也更为丰富。伴随着存思派气功的产生和发展,一种具有自我心理保健功能的存思疗法也开始得到普及和提高。东汉时期,存思疗法初具规模,魏晋时,存思疗法种类增多,论述更加详细,如《养生要集》中提到"行气欲除百病,随病所有念之,头痛念头,足痛念足,使其愈,和气往攻之,从时至时,便自消矣,此养生大要也"。隋唐以后,存思疗法的运用范围更加广泛。内丹,是道教炼丹术的一种,该法将人体比作鼎炉,把体内的精气

桂江风光

当作药物，运用神去烧炼，使精气神凝聚结成内丹，这一派孕育了中国的气功。内丹派气功奠基于东汉魏伯阳所著的《周易参同契》，但内丹这一名称一直到晋代许逊的《灵剑子》中才有记载。魏晋时期，道教气功方面出现了一部融合内丹、存思两派基本特点的内修专著《黄庭外景经》。至隋唐两代，内丹之说开始被社会知晓，出现了几十部内丹专著，如刘知古的《日月玄枢篇》、元阳子的《大还丹金虎白龙论》、张果的《太上九要心印妙经》等。到唐末五代时，内丹全面兴盛，其中又以崔希范、钟离权、吕洞宾、施肩吾等最为著名。

（五）宋金元时期

宋金元时期发展了不同的流派，涌现了金元四大家和陈直、邹铉、丘处机等许多养生学家，撰著了《养老奉亲书》《保生要录》《摄生消息论》等大批养生专著，同时由于宋代帝王对养生学十分关注，组织力量编写了《太平圣惠方》《圣济总录》之类的大型官修医书，大大促进了中医养生学沿着《黄帝内经》开创的思路继续向前发展，中国养生学日臻完善。特别值得提出的有如下几个方面：其一，明确提出了"摄生者，先须洞晓病源，知其所犯"（《太平圣惠方·食治论》），这一从发病学的角度探求养生规律的观点，在临床医学和养生学中影响甚大。当时的中医养生学家认识到"万物壮老，由气盛衰，人之形体，因气而荣，因气而病"（《圣济总录》），主张设法保养气血，斡旋气机。如金元四大家之一的刘完素从纵欲多育影响康寿提出省约俭育（即少生育的意思）是却老全形、身安无疾的重要原因之一。同为金元四大家之一的朱丹溪认为人的一生"阳常有余，阴常不足"，告诫人们要保养阴精（《古今医统正脉全书·格致余论》）。其二，联系老年人的生理特征，探求养生长寿之道。《寿亲养老新书》："高年之人，真气耗竭，五脏衰弱"，主张以饮食药饵为调理，而老人肠胃薄弱，不能消纳，当"不可顿饱"，但"频频与食"，即少食多餐的意思。朱丹溪提出以植物性食物为主的食谱，都颇符合老年人的生理特点。其三，主张养生要以婚孕、婴幼、童壮、衰老各阶段不同的生理特点为依据。元代养生家王珪在《泰定养生主论》中，论述各阶段的生理调摄，很有创见。他认为，摄生不仅是老年人的事，一个人只有

姑婆山大草坪

在各个阶段都注意摄养,才能得以身泰康定。其四,进一步发展了药食调养的养生观点。《黄帝内经》:"阴之所生,本在五味;阴之五官,伤在五味",辩证地阐述了人赖饮食五味以生,但如过度、不节,亦可因饮食五味以损的观点,指出饮食五味不能过于偏嗜,如偏嗜日久,危害非浅,故主张谨和五味、食饮有节。宋代,由于宋真宗、宋徽宗等皇帝狂热崇道,使道教宗派迅速繁衍,道教理论有所深化,在众多流派中,内丹派理论影响最大,并相继出现了陈抟、丘处机、王珪等著名道教养生家。宋代理学兴起,当时的理学家认定"理"是先天存在的,是永恒而又至高无上的,为了穷究此"理",提出了"去人欲、存天理"的总原则,而静坐则被视为实现这种原则的最有效途径之一,尽管"去人欲、存天理"的理学原则本身是与人们养生目的相悖的,但静坐方式包含了积极的养生意义。对静坐养生感受最深的是宋代理学集大成者朱熹,由于晚年健康状况甚差,朱熹十分倾心符合其理学大师身份和经历的静坐养生法。宋代的诗人墨客对于养生热情较之唐朝有增无减,常把养生经验寓于诗句之中,如苏轼的"主人劝我洗足眠,倒床不复闻钟鼓",阐明睡前足浴利于养生的道理,他还融闭息、存思及保健功于一体,创立一种简易有效的养生方法。陆游的"觉来忽见天窗白,短发萧萧起自梳",所习的养生功法兼及道释,包括导引、行气、内丹、坐禅诸项内容。宋金元时期,养生家辈出,论著也很丰富。宋徽宗赵佶所撰的《圣济经》,强调了精、气、神在养生中的重要

宁静乡村

作用。宋王怀隐的《太平圣惠方》，对酒的性能有很好的阐释。宋苏轼和沈括所撰的《苏沈良方》，突出主张淡食和练气功。元李鹏飞的《三元参赞延寿书》，提出了节欲、导引、补益养生保健等措施。这一时期的养生著述，使中国传统养生成为在中医理论指导下的一套具有综合性措施的比较完善的养生保健学。

（六）明清两代

明清时期，明《永乐大典》和清《古今图书集成》两部类书，医部都有重要卷帙，对当时我国医学和养生学的整理起到重要作用。明清两代，经过医家不断实践，使中医理论与临床实践相结合，标志着中国医学发展进入新阶段，中国传统养生学得到飞速发展和广泛传播，当时，以保养精、气、神为首务，寿夭与先天、后天有关等观点为养生学家所推崇，出现大量通俗的养生读物。明代王文禄所撰《医先》，深入浅出阐述了许多深奥的养生理论，如论寡欲养神等论述。此外在《老老恒言》《遵生八笺》《呻吟语》《类修要诀》等通俗著作中，都包含有自古以来丰富的养生思想。明清两代对养生贡献最大的首推明代名医张景岳，他强调了形在养生保健中的重要作用，认为"精血即形也，形即精血也，故凡欲治病者，必以形体为主，欲治形者，必以精血为先"，他的"精血即形"的观点，扩充了养形理论，辩证地阐述了形与神、形体与生命的内在联系，提出形是神和生命现象的物质基础，提出"人于中年左右，当大为修理一番，则再振根基，尚余强半"，论述至为深刻。明代的李梴以《素问》中的"饮食有节，起居有常，不妄作劳，精神内守"为养生之正宗，主张事事循理，以达清虚静定的目的，强调保养胜于药饵，重申朱丹溪《茹淡论》中"甘淡足以补五脏、养老慈幼皆然"的理论，颇有价值。明朝李时珍的药学专著《本草纲目》，大大丰富和发展饮食调养的论述，提供了有关饮食营养的大量资料，仅谷、菜、果三部就达300多种，虫、鳞、介、禽、兽有400多种，保存了不少食疗佚文，收载了很多食疗方法，有着不可估量的作用。中国的养生学自唐代孙思邈提出"养老大例"之后，研究的重点便开始逐渐转向老年人，明清两代才普及这种观点，尤其是明代嘉靖皇帝晚年追求长生之举，清代康熙、雍正、乾隆也曾多次举行千叟宴和敬老活动，促进了老年人颐养保健风气的形成，这一时期的养生著作大都不同程度联系到老人的长寿和健康问题。明清时期由于历代养生经验的积累，突破前人很难，主要是汇集前人法则，研究弘扬，体现动静并重、综合调理的多元趋势。这一时期的静态养生方法，尤其重视治理心神（吴鞠通《温病条辨》、叶天士《临证指南医案》），高濂在《遵生八笺》中提出保生须知护养心神，才能祛病延年。与静态养生重视神的特点相对应，明清时期的动态养生则重视导引法，导引是气功的古称，导有疏导、通导的意思，是指导气，引有引伸、引导的意思，是指引体。中国古代很早就有人利用导引术达到强身目的，马王堆导引图说明这一点，华佗的五禽戏把古代导引术推向新阶段。宋金元时期，出现了众多的导引流派。明清两代，导引术更加成熟，改造了导引的术势，还有所突破和创新，出现了像十二段锦、易筋经等深受欢迎的导引强身术。特别是《道藏》一书，录载了大量有价值的古代导引资料，推动了传统导引强身术在民间的普及。明清时期，成为中国养生学的鼎盛时期。

（七）近代现代

1840以后，养生学发展很慢，养生著作很少，仅有蒋维乔的《因是子静坐法》、席裕康的《内外功图说辑要》、任廷芳的《延寿新书》、胡宣明的《摄生论》和沈宗元的《中国养生说集览》等，但在静坐养生和武术气功锻炼方面，仍有一定程度的发展，此时的静坐已经超出了宋明理学家修身养性的范围，而包括运气、内丹和禅定多种养生方法。当时出现的静坐养生家中，影响最大的有蒋维乔和丁福保两人。蒋维乔在1914年出版的《因是子静坐法》中，运用当时从欧洲传入的生理学和心理学理论，对静坐的养生机理作了初步研究，并探讨了人体的重心及静字的真义等问题，该书对养生文化的普及起了很大的推动作用。丁福保1920年刊行的《静坐法精义》，则基本上宗于佛家的坐禅，并兼有浓厚的儒家色彩，也涉及了某些道家的观点，对静坐养生推广起了一定的积极作用。1840年以后，由于受到侵略，卫国护家和武功保身思想迅速兴起，极大地促进了武术养生文化的发展，当时刊行的很多武术专著中，都不同程度地涉及到养生问题，如清代末年尊我斋主人所集的《少林拳术秘诀》中，就提出了习武时要节戒色欲和狂饮的养生观点，武术的风行还带动了作为其基础的导引养生的发展，如《敬慎山房导引图》中，就将气功、按摩、导引熔为一炉，用于养心、炼精、补虚、扶正延年和治疗疾病，具有较高的实用养生价值。新中国成立后，中医和传统的养生学得到新生。文革前出版发行了大量古代养生学专著，如《黄帝内经》《格致余论》《寿世保元》《类经》等。1956-1958年，全国兴建70多个气功医疗机构，包括气功疗养院、气功疗养所和各种气功门诊。文革期间，养生学被视为封建糟粕和迷信巫术。改革开放以后，养生文化得到复苏，进入全面复兴的新阶段。1978年以来，在文化热和气功热的带动下，养生学发展极为迅速。这一时期，在整理古代文献、总结临床经验、结合研究的基础上，对自古以来的养生理论和方法进行了系统的整理，先后出版了多种专著和科普著作，翻译了不少国外有关养生保健的书刊，丰富的传统养生学的内容，使其向古代与现代相结合、西医和中医相结合、内容全面的现代养生保健学发展，以中国古代哲学和中医理论为深厚基础的中国养生学，融合了日益发展的现代科学技术，愈发显示出其重要价值和无穷魅力。

三、养生主要类别

人们常将养生保健活动称为"养生之道"或"养生之术"。"道"指法则、原则；"术"则指具体方法、手段。其特点是蕴育在日常诸多行为之中。

养生按照宗教、性别、年龄、内容、地理和季节可以分为不同的养生方法（见表2-1）。

根据当前流行的养生方法，重点介绍以下几种养生。

（一）环境养生

《黄帝内经》指出："人与天地相参也，与日月相应也。"就是指注重自然环境和社会环境对人体健康的影响，而做到趋利避害的养生活动。人生

表2-1 养生分类

按宗教学派分	中医养生法、儒家养生法、佛家养生法、道家养生法
按性别年龄分	男性养生法、女性养生法、胎儿养生法、婴儿养生法、幼儿养生法、青少年养生法、青壮年养生法、中老年养生法
按内容分	食物养生法、药物养生法、运动锻炼养生法、心性调节平衡养生法
按地理区域分	国内养生法、国外养生法、南方养生法、北方养生法、东方养生法、西养生法、中式养生法、西式养生
按季节时间分	四季养生法、十二时辰养生法

活于天地之间，身体机能活动不可避免地受到自然环境和社会环境的影响。科学养生首先要让人置于环境之中，根据具体情况，给以考量。诸如季节更替、昼夜变化、地域高下、水质土矿、植被绿化、家居摆设，乃至于社会地位、生活境遇、人际事宜等均可影响身心健康，适应环境，就有利于养生，否则，就会伤害身体。

（二）情志养生

中医认为情志对身体健康的作用是很大的。只有调理好情志，才能形神兼备，神清气爽。三国时期嵇康曾在养生专论中指出"精神之于形骸，犹国之有君也。神躁于中，而形丧于外，犹君昏于上，国乱于下也。"同时指出

"夫服药求汗，或有弗获；而愧情一集，涣然流漓。终朝未餐，则嚣然思食；而曾子衔哀，七日不饥。夜分而坐，则低迷思寝；内怀殷忧，则达旦不瞑。劲刷理鬓，醇醴发颜，仅乃得之；壮士之怒，赫然殊观，植发冲冠。"所以，养生之要，当以养性调神为先。

（三）起居养生

起居养生是指顺应自然变化规律，做到起居有常、劳逸结合、动静相宜等一系列养生措施。做到按时作息，保证足够的睡眠时间；慎适冷暖；适当运动，避免终日与电脑、电视为伴。

（四）饮食养生

《黄帝内经》认为"水能载舟，亦能覆舟"。"阴之所生，本在五味；阴之五宫，伤在五味"。人赖以生存的阴精，来源于饮食五味；蓄藏阴精的五脏，要平衡营养，勿使过偏，以人为本。

（五）房事养生

房事养生指调节男女性事活动，和谐夫妻房事生活，以达到强身健体、延年益寿的养生行为。古人称"阴阳交则物生，阴阳隔则物杀"，强调男女不合则违背阴阳之道。行房事时需有度，婚育宜适龄。若房事不节，纵欲过度，必耗伤肾精。长寿老人大多家庭稳定，夫妻恩爱。

（六）娱乐养生

娱乐活动不仅可丰富业余生活，还能给人们带来很多乐趣，能调节情绪，消除疲劳，陶冶情操，净化心灵，给人以美好的精神享受，无疑对愉悦心身、保持健康具有重要意义。有利于身心健康的情趣高雅、生动活泼、轻松愉快的各种娱乐活动，如音乐、弈棋、书画、养花、垂钓、阅读等可以养生。但娱乐活动也不可过极，谨防玩物丧志，而那些消极颓废的娱乐，更是有害于身心健康。

（七）调补养生

调补养生就是在中医理论指导下，合理应用具有调补作用的药物或食物，达到祛病纠偏、促进康复的养生手段。调补养生的应用原则，应是虚则补之，偏则调之，以平为期。注重辨证调补，辨体调补，提倡合理调补，切忌无端漫补。调补养生，历来受到医家及民众的高度重视，是中国传统医学中颇有特色的重要内容，时至今日，其已成为代代延续的民族特色。诸如先天不足，禀赋亏虚；后天失养，脾胃虚弱；过度劳累，身心疲惫；年迈体衰，形神不支；病后体弱，正虚待复。不调不足以纠偏、不补不足以扶虚者，方需以药食调补。调补方法，就时令而言，冬令进补，伏天进补，各有所宜。就组方而言，单味调补，成药调补，汤药调补，膏方调补，各投所好。就形式而言，择时骤补，长期缓补，各取所需。就内容而言，或可药补，或可食补，各择所喜。

第三章

长寿养生产业的发展环境和态势分析

一、发展环境

低成本高效率的医疗健康体系将深刻影响各国医疗产业格局;经济全球化机遇与挑战并存;人口老龄化、亚健康状态与气候环境变化为养生产业创造广阔发展空间;科技发展为养生产业发展提供不竭动力。

(一)政策环境

各国医疗体系改革对健康产业影响深远。几乎全球所有国家都面临着医疗成本过高的问题,一部分国家认为,彻底的医疗体制改革是解决问题的良策,而其中一部分国家已经将这种决心体现在行动上。以美国和中国为例,美国新一轮的医改已经开始实施,中国养生产业则同样面临着良好的政策环境。

美国的医疗改革对其健康产业影响巨大。美国是世界上人均医疗支出最高的国家,然而其医疗效率却相对不高。为了实现全民医保,提高医疗效率,美国确定2014年开始实行新的医疗改革方案。方案规定:从2014年起,所有美国人都必须购买医保,雇主必须为雇员提供保险,否则将被罚款。医改

雨后初晴

桂山晨曦

法案把医保覆盖到全美国 3200 多万目前没有医保的人，从而实现全民医保的目标。这对相关产业来说机遇与挑战并存。

中国养生产业发展面临良好的政策环境。中国也持续在推进医疗体制改革，为健康产业发展提供了良好的政策环境。

2007 年 1 月，新医改方案发布，把基本医疗卫生制度作为公共产品向全民提供，基本医疗保障制度全面覆盖城乡居民，切实缓解"看病难、看病贵"问题，提出了要加强基层医疗服务体系建设，要加大对基层医疗卫生人才的培训力度，提高基层医疗服务的水平和质量，使广大群众不出乡村社区就能够就近得到比较好的医疗服务。

2012 年 3 月 14 日，国务院《关于印发"十二五"期间深化医药卫生体制改革规划暨实施方案的通知》提出了切实可行的新医改方案和"健康中国 2020"的健康发展战略。"健康中国 2020"战略明确提出到 2020 年我国卫生总费用占 GDP 的比重要增加到 6.5～7%，提高两个百分点，未来政府医疗健康投入将持续增加。

2012年11月,在党的十八大报告中提到:要坚持为人民健康服务的方向,坚持预防为主,重点推进医疗保障、医疗服务、公共卫生、药品供应、监管体制综合改革,健全全民医保体系,巩固基本药物制度,深化公立医院改革,鼓励社会办医,扶持中医药和民族医药事业发展。改革和完善食品药品安全监管体制机制。

国务院总理李克强于2013年8月28日主持召开国务院常务会议,研究部署促进健康服务业发展;国务院于2013年9月14日公布了《关于促进健康服务业发展的若干意见》,提出到2020年,基本建立覆盖全生命周期的健康服务业体系,健康服务业(包括医疗护理、康复保健、健身养生等众多领域)总规模达到8万亿元以上。

(二)经济环境分析

经济全球化对养生产业来说机遇与挑战并存。贸易和投资的多边框架不断发展,全球健康产业发展机遇挑战并存。通过各种多边框架的有效约束和规范,全球货物贸易得以有序而稳定地进行。这些约束手段的成熟表明货物贸易全球化进入了一个新的阶段:跨太平洋战略经济伙伴协定(TPP)降低了专利权的授予门槛,可能会导致化学药和化学仿制药通过获取和变相延长专利期限,提高药物售价,也会影响这些药物的流通和获取。跨大西洋贸易与投资伙伴协定(TTIP)是有史以来最大的双边贸易协定谈判,该协议将创造数以十万计的就业机会。据预计,一旦TTP交易全面实施,欧洲各国GDP也将提振0.5%左右,未来将对健康相关产业产生重大影响。

(三)社会环境分析

人口老龄化、亚健康状态、环境和气候变化为养生产业创造广阔发展空间。

玉印浮山

村屯美景

人口老龄化为健康产业增长提供巨大空间。人口老龄化是全球面对的最严峻的社会问题之一。21世纪初期,世界有接近6亿老年人,为50年前记录的数目的3倍;21世纪中叶,预计将有约20亿老年人;全球老年人口每年以2%增长,比整体人口增长得快很多,预期在今后25年内,老年人口将继续比其他年龄组更快速地增长;随着人口老龄化状况的日益扩大,养老问题得到各国政府和社会越来越多的重视。这为与养老问题紧密相连的健康产业提供了良好的前景。

亚健康状态促进前端化健康产业发展。现代社会人们生活方式的改变,处于亚健康状态的人口较多。据世界卫生组织近年公布的一项全球性调查结果表明,全世界符合真正健康标准的人口仅占总人口的5%,医院诊断患各种疾病的人占总人口的20%,其余75%的人处于亚健康状态。健康问题日益引起世界关注,这为相关健康产业的发展带来的利好因素。

气候变化和污染加重人类健康隐患,为健康产业增长提供空间。每年世界范围内,约200万人死于空气污染。水资源和空气的污染的后果,将会在未来10年间越来越明显地显现出来。一方面污染会使得人们更加注重疾病防治,增加医疗健康支出;另一方面,人们在由污染带来的疾病治疗上投入也会有所增长。

(四) 科技环境分析

科技发展促进养生产业升级。生物科技的重大突破,为养生产业提供发展动力。发达国家已经将健康产业作为经济社会发展的战略重点。生物工程主要包括基因工程、细胞工程、酶工程、蛋白质工程和发酵工程等5个部分。以重组DNA为核心的现代生物技术的创立

和发展,为生命科学注入了新的活力,它所提供的实验方法和手段极大地促进了传统生物学科如植物学、动物学、遗传学、生理学、生物医学等的发展。诸如干细胞技术等生物技术目前也已被广泛地应用于医药健康等领域,带来了一场新的技术革命。

信息技术与养生产业的结合是备受瞩目的新趋势。互联网技术的发展,特别是移动互联技术的发展将与健康产业结合,成为未来健康产业发展的一个新方向,也为未来养生产业发展提供了新的动力,促进产业升级。互联网在健康领域的应用大大降低了医疗成本,使得医疗资源的效率最大化。

此外,其他领域的科技进步也对未来健康产业的发展提供新的方向,如3D打印技术。3D打印技术在制造产业的突破让人们对其产生了极大的兴趣。近来细胞培养技术上的进步让3D打印技术可以应用在医学细胞和器官重造上——由细胞建立的模具成为可能。未来这将为医疗的发展带来无尽的可能。

故乡醇酒

二、发展态势

李花缤纷

作为全球最大的产业之一，全球健康年支出总额占GWP（世界国内生产总值）总额的1/10左右，是全球经济发展的新引擎。2011年全球健康产业支出为6.97万亿美元。高收入国家医疗健康支出比例最高，而中低收入国家最低，中低收入

青山秀水

国家需要加强对健康产业投入。2010年美国健康产业支出总额为2.6万亿美元，占GDP比例为17.6%，居于全球首位。2010年，中国健康支出总额为2933.91亿美元，仅为美国的1/10，占GDP比例仅为5.1%，未来增长空间

七彩田园

巨大。2020年健康产业全球总产值将达到19.3万亿美元，为2011年的2.8倍左右。全球人均健康支出持续快速增长，到2020年将达到1882.188美元。健康支出增长快于GDP增长，与经济周期高度耦合，但增长波动风险相对较小。低收入国家、中低收入国家和中高收入国家的市场巨大，健康产业发展前景并不弱于高收入国家。中高收入和中低收入国家是带动全球健康产业增长的领头羊。高科技化、全球化、高效率化、前端化是全球健康产业的未来走向。

(一) 市场规模

作为全球最大的产业之一，全球健康年支出总额占GWP总额的1/10左右，是全球经济发展的新引擎。2011年全球医疗健康支出总额为6.97万亿美元，占GWP总额的10%，人均1017美元。在目前全球股票市值中，健康产业相关股票市值约占总市值的13%。美国著名经济学家保罗·皮尔泽等认为，健康产业会以不可阻挡的势头加速发展，很快将替代IT产业成为推动世界经济发展的新引擎。高收入国家医疗健康支出比例最高，而中低收入国家最低，中低收入国家需要加强对健康产业投入。按照世界银行国家分类方法，高收入国家人均医疗健康支出最高，达到4575美元，而同比低收入国家则仅为31美元，相差近15倍。高收入国家在医疗健康领域投入最多，医疗健康支出在GDP中所占的比例高于全球平均值，达到12%左右；而中低收入国家却是医疗健康支出在GDP中占比最低的，仅为4.2%，甚至低于低收入国家的医疗健康支出比例5.1%。

美国人均医疗健康支出与医疗健康支出GDP占比均居全球之首。2012年，美国医疗健康支出占GDP比例为17.2%，人均医疗支出为8915美元。2011年

乡村秋景

美国医疗健康支出占 GDP17.3%，人均医疗健康支出 8658 美元，居全球之首。预计美国国内生产总值中医疗保健支出份额将继续呈上升趋势，在 2016 将达到 GDP 的 19.6%。中国医疗健康支出指标严重低于世界平均值，未来成长空间巨大。相比之下，中国的健康服务业仍处于起步阶段。2011 年，中国健康总支出达 3745.63 亿美元（24345.91 亿元）人民币，同期人均健康费用为 278.0 美元（1806.95 元人民币），健康总支出占国内生产总值的比重为 5.1%。世界卫生组织数据显示，2010 年中国医疗卫生支出总额为 2933.91 亿美元，仅为美国的 10% 左右；人均健康支出仅为 218.8 美元，不足美国的 5%，距离全球人均健康支出距离较大，仅为全球人均健康支出的 1/5 左右，具备巨大的增长潜力。据权威部门测算，到 2020 年，中国健康产业的总规模将超过 8 万亿元人民币，约合 1.31 万亿美元，健康支出占 GDP 比例将达到 6.5%～7%。

（二）增长态势

2020 年健康产业全球总产值将达到 13.39 万亿美元，为 2011 年的 1.9 倍左右。20 世纪医疗健康支出增长缓慢，进入 21 世纪后，开始进入快速增长阶段，处于成长期，在 2003 年增长率达到近 10 年来的最高值。新一轮的增长主要由于中低收入国家和中高收入国家人口增长，且人均健康需求的持续释放，与此同时科技的进步带来新一轮产业升级，为发达国家的健康产业发展带来新的增长动力。

全球人均健康支出持续快速增长，到 2020 年将达到 1882.188 美元。自 1996 年至 2012 年，全球人均健康保健支出总体保持着增长的趋势。增长率与全球经济发展状况有着紧密联系：在 2003 年，人均健康支出增长率达到近 15 年间的最大值；在 2008 年全球金融危机爆发后，增长率急剧下降，在 2009 年一度跌至近 10 年最低值。但总体上，进入 21 世纪后，人均医疗健康支出保持正增长。预计到 2020 年，增长率将达到 6%。

（三）资本市场

2013 年全球养生行业风险投资交易数量 686 起，在各行业中排名首位；

美丽乡村

披露交易额 86 亿美元，列各行业第二。投资者反应踊跃。治疗康复、生物制药投资额领先其他领域，数据／信息和健康管理是新兴领域。2013 年健康产业风险投资数据显示，生物技术带动的药物研发与制造依旧吸引了最多的风险投资额。治疗和康复技术的发展突飞猛进，成为投资案例最多的细分领域。数据／信息、健康／管理成为紧随其后的新兴投资领域。移动互联技术在健康领域的应用受到越来越多的关注，未来预计数据／信息投资和健康／管理领域投资将进一步增长。制药领域投资数量少，但单个交易额价值高；医疗保健服务单个交易价值低，但交易数量较高；制药和医疗设备依然是投资热点。2013 年，中国市场养生投资交易数量 56 起，占比 8%；其中 24 起披露交易额 4.18 亿美元，占比 5%，投资者反应活跃。2013 年，美国养生市场 PE/VC 交易数量为 72 起，交易总额为 11.6 亿美元。同美国相比，虽然整体弱于美国市场表现，但相对其他产业，中国养生领域受到 PE/VC 更广泛关注，投资表现活跃。投资重点主要在生物制药方向，资金多来源于国内。随着中国对外资进入健康领域管制的放松，国际资金也更加关注中国养生市场。

（四）发展特征

健康支出增长快于 GDP 增长，与经济周期高度耦合，但增长波动风险相对较小。将健康支出增长率同全球生产总值增长率和发达经济体增长率、发达国家 GDP 增长率相对比，可以发现健康产业增长率波动和 GDP 增长率波动高度耦合，但总体上高于全球经济增长率——即使是在大部分产业产值不增反降的金融危机期间，健康产业仍然保持了高于 5% 的增长率。因此，养生产业处于高速成长期，是全球经济发展的一个重要引擎。

中低收入国家和中高收入国家的市场巨大，健康产业发展前景并不弱于高收入国家。高收入国家健康支出总额最大，远高于其他三组国家，且差距有持续拉大的趋势。进入 21 世纪后，中高收入和中低收入国家增长态势良好，未来市场巨大：人均健康支出有较大的增长空间，人口增长前景良好、加上中高、中低收入国家经济发展前景良好，这些都是中高、中低收入国家未来健康支出增长的利好因素。以美国为首的高收入国家则将进入医疗体系改革以压缩健康支出、提高医疗效率的改革区，未来健康产业将进入调整性增长期。

中高收入和中低收入国家是带动全球健康产业增长的领头羊。中高收入和中低收入国家的健康支出总额增长率普遍高于低收入和高收入国家的健康支出总额增长率。这也就说明，中高收入国家和中低收入国家的增长动力高于低收入国家和高收入国家，未来将成为健康产业发展的主要阵地。中高收入国家和中低收入国家将成为未来健康产业投资的最佳市场。根据世界卫生组织对 2007-2012 年的调研显示，只有 57% 的中低收入国家的公共部门对国家所选的化学仿制药的需求得到了满足。即使是最便宜的化学仿制药，如果由私人企业提供，其价格

也比国际参考价格高出5倍；部分化学仿制药的价格甚至是国际参考价的16倍之高。这说明发展中国家的医疗健康领域发展仍旧处于基础阶段；基本化学仿制药需求仍未得到充分满足，医疗资源相对仍旧短缺。因此，发展中国家的医疗健康产业仍有很大的发展空间。

（五）养生与信息技术融合趋势

全球健康产业未来发展将与互联网信息技术集合，健康资源的国际间流动加速，整个健康产业重心前移，由治疗型转为预防型。

1. 与互联网信息技术结合，产业发展升级

养生产业在互联网的催促下迎来重大变革和机遇。借助于移动应用、大数据、在线协作／互动、远程医疗等新技术，人类健康管理水平已经达到一个前所未有的高度，其中可穿戴健康管理、植入治疗、医疗机器人、辅助康复装置等技术使医疗行业成为硬件创新重镇。

茶园春色

健康大数据提升诊断和治疗水准：一方面，大数据的发展和应用促进更加精密的医疗检测设备的开发的应用；另一方面，大数据的推广促进医疗和健康两大产业的融合，患者健康信息的收集更加专业化和普及化。

网络和移动互联发展促进医疗信息沟通便捷化。科技的进步在医疗领域的应用促进了医生和病患沟通，而社交网络的发展促进了医生之间的交流沟通。

手机医疗应用开发成为健康产业新方向。健康管理应用的开发促进用户对自身健康的管理，健康管理应用开始替代基础健康管理人员，成为健康管理新方向。

2. 医疗健康资源的国际间流动加速

医药行业的国际化早已不是新鲜内容：大型跨国医药企业占领了全球医药市场的大部分份额。除此之外，医疗健康产业的发展还有以下两个趋势：

健康消费的国际间双向流动。全球化发展使得国际间医疗资源流动越来越频繁，这种流动体现在两方面。一方面，发展中国家由于医疗资源的欠缺，常常无法满足一些病人的专业需求。有条件的病人为了寻求更加专业的治疗，常常会在全球搜寻最专业的医疗机构，以获取所需的医疗健康服务。医疗旅游产业应运而生，通过提供全球医疗资源信息和医疗旅行帮助，使得跨国医疗服务更加高效化。另一方面，发达国家医疗费用的高昂，常常使得一些居民难以承受。随着跨国旅游的普及，许多人前往一些发展中国家寻求费用更加低廉的普通医疗服务。印度、印度尼西亚、马来西亚、菲律宾、新加坡、泰国等其他国家开始成为受欢迎医疗旅游的目的地。

医疗专业人才的单向流动。随着国际交流的增多，医疗专业人才对全球医疗资源的发展有了更加清晰的认识。许多发展中国家的优秀人才，由于受到本国医疗体系和医疗资源的限制，无法获得应有的待遇和更好的发展。一些护士、医生、药剂师和其他医疗相关从业者向发达国家寻求更好的发展。

除此之外,发达国家之家、发展中国家之间的医疗专业人才流动也越来越频繁,但由欠发达国家向发达国家流动是一个主要趋势。

3. 产业前端化发展

医疗产业核心由治疗型转向预防型。一方面教育水平的提高使得人们健康意识得到提高,健康理念也从疾病的及时治疗转变为提前预防;另一方面,治疗成本远远高于预防成本,健康支出的节约也要求对健康的管理要从治疗为主向预防为主。这将促使全球健康产业的发展重点得以转移,同时也扩大了医疗健康产业的市场。因此,未来医疗产业的投资重点也相应前移,投资重点将挪至预防和保健领域。

全球健康产业正面临着良好的发展环境,各国医疗体系改革和经济全球化、人口老龄化、亚健康状态、以及科技的进步都为产业创造了良好的机会。未来全球健康产业必将面临新一轮的快速增长,一方面不断满足传统健康需求,另一方面产业升级不断开发出新的需求。高效化促进企业不断提升自身竞争能力,也提升产业效率;健康资源在国际间流动加速,创造出新的行业;与信息技术对接则带动新一轮产业升级;产业发展前端化,将进一步丰富产业内容,促进产业健康发展。

(六)养生理念传播

1. 我国自古以来就重视养生

"生病靠医生,养生靠自己;医生难可靠,不病是最好;身病尚可治,心病最难熬;百事皆致病,心行习惯最重要,健心健行命才好"。中国传统的观念中表达了人们对健康的主动性和自主性,指出了健康的要旨。

2. 人们的自我保健意识日益增强

人们教育水平的不断提高也使得人们更清楚地认识到健康的重要性,并且增加了相应的知识,从而增加了对健康的需求。不同类型的出版物也一次一次地提出了健康的问题,如果说《登上健康快车》唤醒了人们的健康意识,那么美国著名经济学家保罗·皮尔泽的大作《财富第五波》则将健康产业的发展前景清晰地展现在人们的面前。

3. 人们的现实健康需求非常大

随着城市化节奏的不断加快，人们生活的压力不断加大，由此所引起的健康问题越来越引起人们的注意。据世界卫生组织（WHO）一项全球性调查结果表明，全世界真正健康的人仅占人口总数的5%，经医生检查、诊断有病的人占20%，而有75%的人处于亚健康状态。随着人们生活水平的不断提高，人们必将日益重视身体健康状态，这也为健康产业的发展提供了巨大的民展空间。

（七）养生实体机构发展

养生行业现在属于起步阶段，市场前景广阔，养生行业将逐步趋于完善，实现品牌化、连锁化、系统化。养生行业规模稳步上升：养生保健服务业已成为新兴的一个朝阳产业，正处于快速发展的上升态势。据初步统计，目前我国养生保健企业至少在10万家以上，吸纳的就业人员1000多万，而且市场规模扩大的空间依然很大。各地养生保健业的发展对繁荣地方经济、丰富人民文化生活和改善当地人民的生活质量起着重要的推动作用。连锁经营步伐明显加快：目前，集休闲、娱乐、餐饮、保健、健身和美容等多功能为一体的养生保健企业在我国急剧增加，经营规模不断扩大，现代服务经营理念得到了丰富与发展，养生保健连锁企业也开始出现。

多元化发展格局初步形成。近年来，我国养生保健服务业的经营业态、服务功能、营业网都发生了很大变化，出现了三大转变：一是经营业态由过去单一的大众浴室向浴场、桑拿、保健中心、休闲会馆等多种业态转变。目前，养生保健企业主要有综合汗蒸、足浴、温泉、SPA会所等。足浴、汗蒸是养生保健企业最主要的经营形态。二是服务功能由过去单一模式向休闲、保健、娱乐、餐饮多功能转变。许多养生保健企业通过延伸产业链，将休闲娱乐，餐饮住宿、美容保健集于一体，成为多功能服务场所，并带动了化妆品、纺织品、啤酒及饮料等相关产业的发展。三是所有制形式由过去单一私有制向股份制、股份合作制、外资经营等多种形式转变。养生保健企业大多为自主经营。形成了营业网点多、服务功能多、经济成分多、消费层次多、经营业态多的特征。特别是近几年，一些国外养生保健服务项目如韩国汗蒸、日式岩盘浴、泰式按摩、印度SPA等也已进入我国，使我国养生保健市场形成了多元化、多层次的消费格局。

第四章

贺州长寿养生产业开发的优势及条件分析

一、资源优势分析

(一) 长寿之乡

中国长寿之乡认定工作自 2006 年开始启动,经中国老年学和老年医学学会认证的"中国长寿之乡"有 73 个,其中广西 25 个,居全国首位。"中国长寿之乡"是中国老年学学会评选认定的称号,有一套严格的认定体系,第一届中国长寿之乡的认定标准其中必达指标有 3 项:一是长寿的代表性,区域现存活百岁及以上老年人占总人口 7/10 万以上(2013 年起,升级版的评定标准启动,区域现存活百岁及以上老年人占总人口 7/10 万以上提高到 10/10 万人以上);二是长寿的整体性,区域人口平均预期寿命比全国水平高 3 岁;三是长寿的持续性,80 岁以上高龄老人占总人口的比例 1.4% 以上。图 4-1 为广西长寿之乡的分布情况,可以看出,长寿之乡的分布有两个较为集中的区域,一个是以红水河流域为主的东巴凤长寿带,一个是以森林覆盖率显著优势的金秀昭平蒙山长寿带。同时,巴马还是世界长寿之乡;而贺州市是中国第一个长寿市,贺州市具有优异的自然生态禀赋,以所辖昭平、富川、钟山

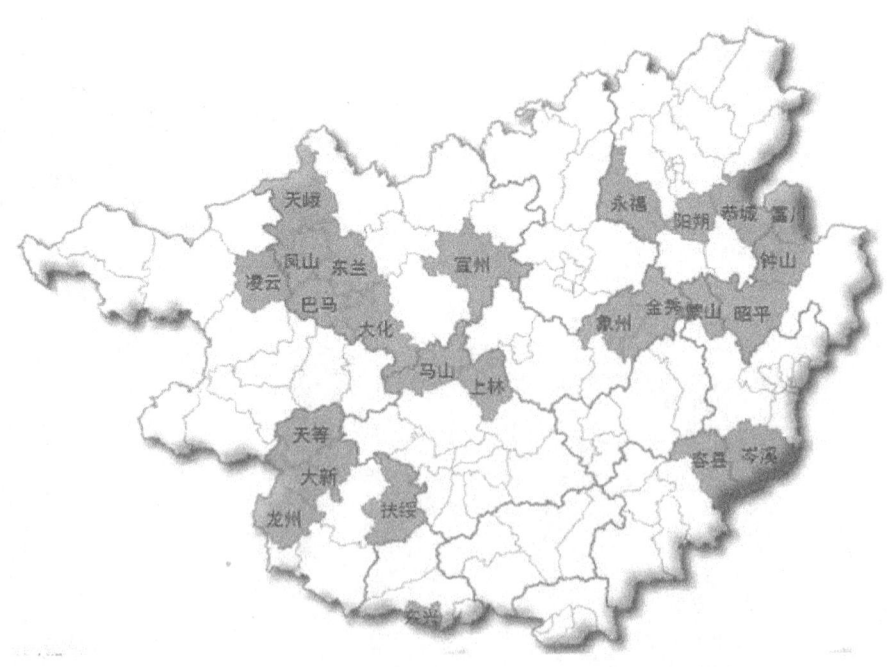

图 4-1 广西"长寿之乡"分布图

三县均获"中国长寿之乡"称号为依托,长寿环境质量优异、长寿资源丰富多样、长寿老人幸福健康的"健康长寿首善之市",也是目前全国唯一实现"中国长寿之乡"县域全覆盖的地级市。2016年10月19日,国际人口老龄化长寿化指导委员会副主席邹平和国际地理联合会健康与环境委员会主席汤马斯·克拉福特向贺州市颁发"贺州世界长寿市"证书、牌匾,贺州市通过"世界

表4-1 贺州市土壤元素含量丰缺状况

含量比值	Al_2O_3	CaO	Fe_2O_3	K_2O	MgO	Na_2O
$(C_{贺州})/(RV_{中国})$	1.04	0.56	1.04	1.15	0.57	1.23
$(C_{八步})/(RV_{中国})$	2.27	0.24	0.88	1.00	0.48	1.41
$(C_{平桂})/(RV_{中国})$	0.35	0.24	1.06	1.45	0.38	1.46
$(C_{富川})/(RV_{中国})$	0.71	1.93	1.34	1.08	0.98	1.59
$(C_{钟山})/(RV_{中国})$	0.28	0.13	0.92	1.42	0.51	1.42
$(C_{昭平})/(RV_{中国})$	1.20	0.14	0.99	0.92	0.42	0.31
含量比值	Cd	Co	Cr	Cu	Mn	Mo
$(C_{贺州})/(RV_{中国})$	1.75	0.73	1.06	1.27	0.53	1.54
$(C_{八步})/(RV_{中国})$	1.44	0.46	1.03	1.31	0.52	0.96
$(C_{平桂})/(RV_{中国})$	1.96	0.88	1.09	1.57	0.60	2.24
$(C_{富川})/(RV_{中国})$	2.68	1.13	1.17	1.40	0.74	2.53
$(C_{钟山})/(RV_{中国})$	2.06	0.73	0.82	1.00	0.54	1.62
$(C_{昭平})/(RV_{中国})$	0.82	0.53	1.19	1.15	0.27	0.61
含量比值	Ni	P	Pb	Se	Sr	Zn
$(C_{贺州})/(RV_{中国})$	0.92	0.93	0.84	2.24	0.42	1.03
$(C_{八步})/(RV_{中国})$	0.82	0.87	0.93	2.07	0.82	1.05
$(C_{平桂})/(RV_{中国})$	1.05	0.90	1.12	3.45	0.16	1.03
$(C_{富川})/(RV_{中国})$	1.25	1.13	0.84	2.17	0.47	1.16
$(C_{钟山})/(RV_{中国})$	0.67	0.75	0.85	2.28	0.17	1.07
$(C_{昭平})/(RV_{中国})$	0.84	1.00	0.52	1.62	0.31	0.84

淮山种植基地

丰收的脐橙

有机茶园

马蹄种植基地

长寿市"认证,成为世界长寿市。

(二) 富硒地区

硒元素与人体健康密切相关,是人体必需的微量元素,具有抗氧化、抗衰老等功能,被国内外医药界和营养学界称为"长寿元素"和"抗癌之王"。广西是著名的人口长寿省区,同时也是中国硒元素富集的地区。广西富硒土壤面积居中国之最,南宁、钦州、北海、贵港区域达3181.2万亩,另外,桂西、桂北、桂东地区也有大面积连片的富硒土地。广西目前已命名的25个"中国长寿之乡"均为富硒地区,其中巴马县硒含量高于全国平均水平10倍以上。调查研究表明,在空气、水资源等自然环境相同的情况下,长寿老人特别多的重要原因就是土壤和食物中的硒含量高。贺州市耕作土壤中Cu、Fe、Mo、Zn、Se等有益健康的微量元素含量相对富足。其中,中国科学院在122个监测点位的土壤Se含量全部达到高(富)硒等级。目前贺州市共有7个国家地

满眼苍翠

理标志保护的农产品，分别是芳林马蹄、信都红瓜子、贺街淮山、英家大头菜、富川脐橙、昭平银杉茶、开山白毛茶。

（三）森林王国

贺州得天独厚的生态环境，成为优质的"天然氧吧"，水资源丰富且

山顶流云

水质优良，优美的生态环境成为人口长寿的重要基础。贺州市属亚热带地区，十分有利于花草树木的生长和繁育，是广西重点林区之一，全市森林覆盖率和绿化程度均远高于全国、全区平均水平。2012年全市林地面积90.22万公顷，森林覆盖率72.46%，有林面积85.23万公顷，活立木总蓄积4515.5万立方米，公益林管护面积为20.29万公顷。盛产杉、松、桉、栎、竹子等竹木材，年生产商品材约95万立方米，竹子约1000万根，松脂约5万吨。有八角、肉桂、油茶、油桐、茶叶等经济林及梅、李、龙眼、沙田柚、柑、橙、枣、板栗等水果。人工造林树种主要有马尾松、杉木、桉树和竹子等。在1996年，贺州市已经被国家林业局批准成为全国第一个外向型林业改革试验区。截至2016年，贺

表4-2 贺州市自然保护区一览表

序号	自然保护区名称	位置	总面积（公顷）	主要保护对象	级别
1	七冲国家级自然保护区	昭平县	14300	典型常绿阔叶林、重要的水源涵养林	国家级
2	大桂山鳄蜥自然保护区	八步区	3780	鳄蜥及其栖息地	国家级
3	滑水冲自然保护区	八步区	12000	水源涵养林、野生动物	自治区级
4	姑婆山自然保护区	平桂区	6550	季风常绿阔叶林、水源涵养林	自治区级
5	昭平七冲自然保护区	昭平县	13024	季风常绿阔叶林、水源涵养林	自治区级
6	西岭山自然保护区	富川县	19327	季风常绿阔叶林、水源涵养林	自治区级

州共有2处国家级自然保护区，4处自治区级自然保护区，主要保护对象包括典型常绿阔叶林生态系统和特殊动植物及其生态环境（详见表4-2）。

（四）温泉之乡

广西东部温泉资源密集分布。全区已发现有119处热矿泉，温泉资源遍及广西10个地区24个县，主要分布在桂东北和桂东南地区（桂林、梧州、贺州、玉林）。贺州有温泉4处，包括路花温泉、里松温泉、南乡温泉、黄

表4-3 贺州温泉一览表

里松温泉	位于贺州市八步区东北部的里松镇。距市区30千米。里松温泉是一种特殊类型的地下矿水，含有碘、偏硅酸的镭、锂、氟、锶、偏硼酸、硫化氢等特殊化学成分和微量元素或气体成分、具有较高湿度或总矿化度地下水，温度高达78℃，富含高温医疗热矿水，具有很高的专门医学价值和医疗作用。对治疗心血管系统、关节、神经系统、皮肤及其它疾病具有良好的疗效。
路花温泉	位于贺州市东北部，距市区17公里，与姑婆山森林公园相距9公里。温泉泉水流量为120吨/小时，水温摄氏60度，含硫量1.5毫克/升，水中还含有锌、锰、铁等38种对人体有益的矿物质。温泉水流量大，水温常年高达63℃。
南乡温泉	贺州市八步区南乡镇有大汤、水楼、西溪3处大温泉，其它地方还有很多处小型温泉，这些温泉群都位于村寨边。其中水楼温泉位于良怀村境内，是桂东一带最优良的温泉源，泉口水流量达0.2立方米/秒，其水温高达73度。温泉富含硫、砷、硒、氟等多种矿物质，对皮肤病和风湿、类风湿等疾病有明显的疗效。
黄花山温泉	在北陀镇与富罗镇交界的黄花山南面山脚下，有两眼天然温泉，泉水从1100米深度以下的岩裂缝中涌出，因水温高达53摄氏度，出口处又有一大水窝，故而当地人称其为"热水窝"。1988年8月30日，经国家地矿部、卫生部、轻工部联合鉴定为优质饮用天然矿泉水，偏硅酸含量39.0—46.8厘克/升，EH值7.0—7.4；锶含量0.34—0.36毫克/升。已达到我国饮用天然矿泉水国家标准。除作饮用外，该矿泉水中氡含量37.4埃曼，亦达到医疗矿泉水标准，有极大的开发前景。

花山温泉（详见表4-3）。贺州市的温泉水均为含硫&偏硅酸型温泉水，且富Mo富Na低重金属暴露，具有较好的养生保健功效。其中，路花温泉和黄花山温泉更因其水中富含生命必需微量元素Sr，因而具有极高的开发价值和利用前景。温泉中的硫磺和矿物质含量，远远大于医疗矿热水标准，对皮肤保健，治疗感冒风湿病、关节炎、神经性骨痛等疾病有特殊疗效，自古有"一沐神汤百病除"的美名。同时，温泉水中特有的"碳酸氢钠"对慢性消化道病、慢性肝胆道病、糖尿病、慢性风湿性关节炎、类风湿性关节炎、肌肉风湿症、运动系外伤后遗症、高空作业病，各种神经炎和神经痛、肩固炎、具有良好的辅助疗效，而且对镇惊安神、清热怯痰、祛翳明目、解毒生肌、通脉活血等也具有一定的医疗保健作用。

温泉风光

温泉养生

（五）瀑布王国

广西河流众多，总长约3.4万公里；水域面积约8026平方公里，占陆地总面积的3.4%。河流分属珠江、长江、红河、滨海四大流域的五大水系。贺州市境内河网发达，大小河流纵横交错，支流繁多，集雨面积在100平方千米以上的河流有40条，集雨面积在50平方千米以上的河流有80条，属珠江流域西江水系。境内主要河流有桂江、贺江、思勤江、富群河、大宁河、大平河、马

深山叠瀑

尾河、林洞河等。桂江属西江一级支流，发源于广西北部兴安县与资源县交界处的越城岭主峰猫儿山，由桂林流经贺州市昭平县，至梧州市汇入西江。桂江全长426公里，在昭平县境内河段长100公里，落差25米，河面平均宽度约150米。全流域面积19288平方千米，昭平水位站控制流域面积14965平方千米，马江站多年平均流量549立方米每秒。桂江河床最窄处为马峡，宽50米，最宽处为五将中洲处，宽750米。贺江是西江一级支流，发源于富川瑶族自治县麦岭镇大坝村的茗山（又名湖完岭），流经钟山县、八步区，在广东省封开县汇入西江，上游（富川县至钟山县境内河段）称富江（又称富川江）。贺江全长351千米，全流域面积11500平方千米，实测最大流量5840立方米每秒（1994年信都站），信都水文站多年平均流量193.3立方米每秒，年平均径流量61亿立方米。贺江干流在贺州市境内长231公里，控制流域面积6912平方千米，天然落差147米，水力蕴藏17.72万千瓦，可开发量12.55万千瓦。丰富的河流产生了众多的瀑布景观，其中最为知名的是位于黄田镇的十八水瀑布群闻名遐迩，有落差近300米、最宽处60米的十级叠水瀑布群，其落差之大、气势之伟，堪称天下瀑布之奇观，是广西第一叠水瀑布群，享"岭南九寨沟"之美誉。其他知名的瀑布还有姑婆山仙姑瀑布、昭平的马尿爽瀑布、富川的西岭山瀑布、八步区的孟槽瀑布等。（详见表4-4）

林间飞瀑

瀑布的落差形成喷筒电效应，水喷溅时水滴被截断分裂，水分子分离后带正电，周围潮湿空气带负电，水喷溅时形成离子，能产生较多的负离子，它被称为"空气维生素"，亦称"长寿素"，对人体健康有一定益处。负离子多少，也是衡量空气是否清新的重要标准之一。据世界卫生组织的规定，负离子的浓度每立方厘米不低于

表 4-4 贺州瀑布一览表

名称	简介	位置
十八水瀑布群	十八水瀑布群以独特的落差近 300 米的叠水式瀑布乃天下瀑布之奇观，飞瀑、碧潭、涛声、水雾更是堪称水景四绝，享"岭南九寨沟"之美誉。徒步森林氧吧，欣赏景区内奇树、奇石，还可免费划竹排。	平桂区黄田镇
姑婆山瀑布群	姑婆山国家森林公园兼具"雄、奇、秀、幽"诸风景特色，峰高壑深，潺潺溪泉在大山中激流跌宕，形成了诸多的瀑布奇观，吸引了国内外众多游客。其中最为人啧啧称道的是奔马瀑布、仙姑瀑布、玉龙瀑布、二毫米瀑布。	平桂区黄田镇
孟槽瀑布	孟槽瀑布位于八步区南乡镇大堂村，瀑布单级落差较大，水质清晰，四周原始森林茂密，瀑布从高处倾泻而下，很是壮观。	八步区南乡镇
西岭山瀑布	西岭山左边是涝溪山，右边是水洋溪山，西岭山里也有个洋溪山。大家能见到的那条瀑布是西岭山的一绝，落差约 100 米，在县城就能看得见，像一条玉带。瀑布随季节而变化，夏天雨水多的时候，瀑布很大，从几百米的高处流泻下来，很美。	富川县茅栗岭村
龙潭瀑布	龙潭瀑布的落差和水量都不是很大，气势不算磅礴，但有特色。当厌倦了城市的喧嚣与浮华，可以来这里，享受自然，回归自然。	昭平县昭平镇
双头瀑布	双头瀑布接连三层的天然瀑布群，沿着瀑布边上的是百年古藤和野生芭蕉林，瀑布的水流四季不断，若是春、夏、秋三季，这里更是瀑声涛涛，凉风习习，是避暑烧烤绝佳圣地。	昭平县富罗镇
五叠泉瀑布	五叠泉位于昭平县城南约六公里，由五级瀑布组成，五叠泉也因此而得名。五叠泉中，五级瀑布独自成体，瀑布飞流直下，落入潭中，激起层层水雾，蔚为壮观。五叠泉全长约 3 公里，悬崖峭壁，曲径通幽，一到雾季就形成云雾山中的景色，更有一番情趣。	昭平县昭平镇
马三家瀑布	马三家瀑布位于县城北 3 公里的五指山南麓，其左侧是马山脚下，瀑布高约 23 米，宽 3 米，瀑布下有一清水潭，长约 10 米，宽约 7 米，深约 10 米。四周怪石嶙峋，清流不断，四周有翠竹相衬，竹笋多，一派原生态景象。山泉瀑布从峭壁倾泻而下，白练垂空，水花朵朵，飞银溅玉，涛声隆隆，响震山谷。身临其境，寒气侵肌，夏日消暑，是避暑的好去处。	昭平县昭平镇

马尿爽瀑布	在离黄姚古镇大约10公里之处有一深山原始瀑布,尽管常年水流量不大(雨后除外),但瀑布却是离奇的高,高约40米,堪称昭平乃至贺州之最。"马尿爽"这个名字只可意会,不可言传。	昭平县黄姚镇
罗旭瀑布	瀑布自上而下,似一幅一米多宽的白练悬挂在裸露的陡崖上。岩石上的痕迹依稀可以看出水量丰沛时,它的宽幅至少是旱季的两倍。瀑布白,晶莹透亮,嵌得水边的绿更加蓬勃。瀑布落地,银花飞溅,然后在那一汪明净的潭水中冒几个白泡就安安静静地沉入清洌的潭水里。	昭平县走马镇

1000-1500个为清新空气。在川流不息的瀑布飞溅的地方,每立方厘米空气中所含负离子可达2万个以上,所以瀑布附近地区空气特别新鲜,它可使机体代谢过程加强,并使人精神振奋,有益健康,利于康复疗养。在瀑布地区旅游及疗养,使肺换气功能增强,增加氧吸收量,气管粘膜上皮纤毛运动加强,适宜于慢性呼吸道疾病患者病体的康复。对心血管系统的作用在于使脉搏减慢、血压下降,对高血压、冠心病患者有益。负离子可治疗呼吸道疾病、萎缩性胃炎、萎缩性鼻炎、神经性皮炎、关节痛等,对气喘、烧伤、溃疡以

表4-5 贺州市"氧吧"分布

负离子(个/cm^2)	地点	地理景观描述
67000	富川瑶族自治县富阳镇涝溪山	密林溪流正中央
60500	平桂区姑婆山国家森林公园	仙姑瀑布正前方约3m
35600	平桂区姑婆山国家森林公园	玉龙瀑布正前方约10m
33600	钟山县两安瑶族乡竹梅村	密林溪流正中央
32400	八步区里松镇斧头山	密林溪流正中央
19700	钟山县花山瑶族乡三叉村	密林溪流正中央
12000	昭平县富罗镇黄花山	山间温泉
11000	平桂区姑婆山国家森林公园	"冰雪同行"景区

来源:中国科学院地理科学与资源研究所
2015年12月26日发布的《贺州市长寿环境调查与评价主要结论》

及外伤患者的治疗也有促进作用。贺州全市空气负离子平均含量为3489个/cm3，92.13%的监测点位空气清洁度指数达到"最清洁"或"清洁"等级。（详见表4-5）

二、优势及基础条件

贺州市发展长寿养生产业不仅拥有独特的资源、生态、环境、区位等优势，且产业基础、基础设施等发展的基础条件日益改善，发展潜力巨大，能够充分发挥后发优势高起点发展。

长寿美食-茶香宴

（一）发展优势

贺州市位于南岭山地向两广丘陵过渡的斜坡地带，境内地形地貌复杂多样，山川钟灵毓秀，自然景观绚丽多姿。境内属南亚热带季风性气候区，气候温和、日照充足、热量丰富、雨量充沛、无霜期长，气候宜人宜物。境内山岭叠翠，平均植被覆盖指数高达0.764，森林资源和生物资源丰富；水系发达，河流纵横成网，水能蕴藏量较大；矿产资源尤其是石材资源得天独厚，储量大、种类多、品位高。贺州市大气环境质量优良，空气清新，清洁度指数高，是不可多得的"天然氧吧"和"疗养胜地"。空气负氧离子丰富，森林负氧离子达600～3000个/立方厘米，瀑布附近负氧离子高达40000～100000个/立方厘米，溪流、跌水旁的负氧离子1000～10000

长寿美食-客家酿菜

长寿美食-荷香宴

个/立方厘米左右。贺州市饮用水水质优良，富含多种生命必需微量元素和矿物质营养素。贺州市饮用水中富含 Cu、Fe、Mo、Se、Sr、Zn、偏硅酸等生命必需微量元素和矿物质营养素。贺州市的温泉水为含硫&偏硅酸型温泉水，且富 Mo、富 Sr、富 Na、低重金属暴露，具有较好的养生保健功效和开发利用前景。贺州市耕作土壤环境质量优良，几种可能的土壤无机污染物在贺州市耕作土壤中的平均含量均在国家土壤环境质量二级标准值以内，土壤重金属点位超标概率低。贺州市耕作土壤中 Cu、Fe、Mo、Zn、Se 等有益健康的微量元素含量相对富足。其中，全部 122 个监测点位的土壤 Se 含量全部达到高（富）硒等级。贺州市农特产品绿色环保、质优且安全，贺州市绝大部分农特产品样品、绝大部分检测指标均符合国家标准的相关要求。多种农特产品入选贺州市优质农特产品名录。入选产品均符合我国食品安全国家标准或药典国家标准，并且富含 Ca、Cu、Fe、Mn、Mo、Se、Sr、Zn 等生命必需元素中的一种及以上，长期食用，有益健康。贺州市百岁老人是成功老化的典范，"起居有常、生活有序、饮食有节、心态平和、乐观向上"为其基本特征。贺州市人口长寿水平具有较高的稳定性和可持续性。基于六普人口数据，2010 年，全市 90+ 岁占 65+ 岁人口的比例达到 2.60%，超过全国平均水平（1.67%）50%；80+ 岁占 60+ 岁人口的比例达到 14.19%。贺州市 85% 的百岁老人介于 100-104 岁，男女性别比约为 1∶3。百岁老人一生较少迁徙，生育子女数较高，子孙赡养占比 90%

昭平县马江镇花罗村陆燕强（摄于 108 岁）

八步区江南街道厦良村曾亚英（摄于 101 岁）

富川瑶族自治县富阳镇木榔村黄苟莲（摄于 105 岁）

以上。百岁老人饮食口味适中略清淡，无烟少酒好饮茶。约3/4的百岁老人能完全自理或相对自理，3/5的百岁老人无疾少痛。众多自然信仰、禁忌习俗、节庆活动、饮食习惯，都渗透着天地与我共生、万物与我为一的"天人合一"健康养生理念。

（二）基础条件

近年来，在贺州市委、市政府的正确领导下，全市经济社会取得了明显进步，与健康养生相关的生态农业、医药制造业、旅游业等产业加快发展，交通水利等基础设施加快建设，为生态健康养生产业发展夯实了基础。

1. 产业基础较好

一是生态农业发展形势良好。近年来，贺州市按照"高产、优质、高效、生态、安全"的要求，以加快转变农业发展方式为主线，主打生态和绿色品牌，大力发展现代生态高效农业，逐步建成了高产优质的蔬菜、烟叶、茶叶、脐橙、梅李、马蹄、红瓜子、食用菌、中药材、蚕桑等十大特色农产品商品生产基地，其中蔬菜、脐橙、青梅、烟叶、红瓜子、马蹄生产基地成为了广西最大的生产基地。目前通过无公害农产品产地认定的蔬菜、优质稻、茶叶、水果等生产基地面积达4.43万公顷，无公害农产品认证1个，绿色农产品认证2个。富川的脐橙、昭平的茶叶、钟山的大肉梅、八步的凤凰梅、马蹄和红瓜子等产品在国内外同类产品评比中连获殊荣，畅销国内外。贺州市常年粮食播种面积15万公顷，总产量71万吨，其中稻谷播种面积11万公顷，总产量64万吨。全市经济作物面积13万公顷、产量203万吨，其中蔬菜播种面积6.5万公顷、产量170万吨，其他主要经济作物有马蹄、烟叶、茶叶、红瓜子、食用菌、中药材、蚕桑等，现有农业企业超过1500家。

二是医药产业发展迅速。贺州市积极发展生态健康产业，注重把生态优势转化为经济优势，创新种植中药材产业模式，实现生态效益和经济效益双丰收的喜人景象。贺州市是传统名贵中药材铁皮石斛原产地，随着生态环境得到改善，极适宜发展铁皮石斛种植。通过招商引资，引进香港华鸿国际实业集团，投资1.2亿元在富川瑶族自治县柳家乡下湾村建设了幸福下湾有机生态示范产业园铁皮石斛示范基地项目,带动当地农民种植5至10万亩铁皮石斛,产值预计达到5至10亿元。为抓好中药材产业开发,推动农民增收,贺州市还注重打造中药品牌,通过种植中药材带动群众致富,以全国知名品牌广西灵峰药业为依托,签订了10万亩鸡血藤回收订单,在28个贫困村大力发展种植鸡血藤、千斤拔等中药材,作为金鸡胶囊的主要原料供应基地。在黄石林场建立鸡血藤和千斤拔GAP规范化种植示范基地,在大平、水口、步头等地建立了鸡血藤种苗基地。同时,贺州市积极探索土地规模经营新机制,推广"专业合作社+基地+农户"产业化经营模式,形成市场牵龙头、龙头带基地、基地连农户、产供销一体化的产业格局,各地中药材专业合作社和种植大户不断涌现。

三是旅游业发展势头良好。贺州市拥有森林、山地、河流、湖泊、温泉、石林、古镇、古城、古村等类型多、品位高的旅游资源,有"粤港澳后花园"之美誉,境内的姑婆山国家级森林公园、大桂山国家级森林公园、十八水原生态景区、贺州玉石林、贺州温泉、紫云洞、钟山荷塘十里画廊等是贺州生态旅游品牌。贺州有国家级、自治区级重点文物保护单位10多处,较著名的人文旅游景点有临贺古城、玉印浮山、方型客家围屋、文笔塔、千年桂花井、黄姚古镇、"广西省工委旧址"纪念馆、秀水状元村、福溪村、深波村、虎马岭村、芦岗村、龙道村、仁化村、上莫寨村、祉洞古寨、松桂村、英家街、新华村、古明城、风雨桥、瑞光塔等。贺州民族风情古朴奇异,多姿多彩,有"盘王节"、"长鼓舞"、"三月三"、"炮期"、"舞火猫"、"芦笙踏堂舞"等。依托旅游资源数量多、类型齐的综合优势,旅游业实现快速发展。2015年,全市入境过夜游客35.16万人次,比上年增长6.3%;国际旅游(外汇)收入1.2亿美元,增长11.1%。接待国内旅客1526.53万人次,增长21.4%,国内旅游收入162.44亿元,增长30%。旅游总收入169.80亿元,增长31%。贺州市将旅游优势与生态优势、区位优势有机结合,重点培育发展以生态健康产业集群为重点的生态服务业,着力打造"华南生态休闲度假养生旅游目的地",取得了良好成效,景区景点品质不断提升。目前,全市对外开放的旅游景区景点超过20个,其中4A级景区4个、3A级景区7个、2A级景区3个,农业旅游示范点、星级乡村旅游区、星级农家乐27处。富川瑶族自治县成为中国第四个、广西第一个"国际慢城",昭平县成功入选国家首批全域旅游示范县创建县。按照"一轴驱动,两区并进,三县联动,四核辐射"的"1234"发展思路,以建设全域旅游示范市为驱动,强力推动养生八步、休闲平桂"两区"齐头并进,加快生态昭平、慢城富川、灵秀钟山"三县"特色旅游发展,重点推进姑婆山欧洲风情温泉小镇、黄姚古镇、西溪森林温泉养生小镇、大桂山水森林颐养小镇等"四核"建设,辐射带动贺州旅游业发展。大力发展全域旅游,推动旅游业不断升级发展,力争到"十三五"末基本建成"中国生态旅游名城",打响长寿健康品牌,用生态美景吸引更多的游客。

2. 交通条件日益改善

贺州市区位优越、交通便捷。作为广西的东大门和面向粤港澳最便捷的通道,近年来加快构建"铁、公、机"立体交通网络,桂梧高速公路、广贺高速公路贺州段和贵广高铁、洛湛铁路已全线贯通运营,永贺高速公路、贺州机场加快推进,正逐渐融入珠三角1小时经济圈。铁路运营里程达243公里,二级以上等级公路总里程达822公里,实现全部乡镇和建制村通水泥(沥青)路,群众出行更为便捷。随着基础设施建设大提速,贺州正由全区交通"末梢"向桂粤湘区域性交通枢纽迈进。贺州市精心谋划"十三五"交通运输发展规划。以"桂粤湘区域性综合交通枢纽、广西对接东部和中部地区的重要门户和枢纽"为发展定位,着力打造"4321"铁路交通圈和"8421"公路交通圈。一是强化综合运输通道建设,实现"县县通高速"目标,完成二级及以上干线公路、干线铁路连通周边市,加快航运枢纽及作业区建设,建成贺江通航1000吨级、桂江500吨级航道。二是完善综合运输枢纽,建设、完善一批包括铁路、公路、机场、作业区在内的客货运输站场,各运输方式间的衔接更加紧密。三是推进产业园区、作业区、机场、主要枢纽站场和旅游景点集疏运道路建设,公路集疏运线路达到二级以上标准。四是加快实施乡镇联网工程、农村公路工程,实现二级及以上的集散公路连通,通三级以上公路的乡镇比例达到100%。逐步完善桥梁和安保工程,全面提升农村公路技术等级和服务水平。

三、机遇与挑战

贺州发展长寿养生产业拥有良好的外部政策环境、内部动力和广阔的市场空间，同时也面临一些挑战。

（一）发展机遇

宏观政策趋好为长寿养生产业带来新机遇。国家实施"一带一路"、长江经济带、京津冀协同发展、珠江－西江经济带等区域发展战略，提出了一系列扩大内陆开放、增加有效需求的政策措施，特别是为促进转型升级，国家陆续出台了一批健康消费等政策措施，为贺州市发展长寿养生产业提供了强有力的政策支持。

巨大市场潜力为长寿养生产业带来新机遇。长寿养生产业是健康产业的核心组成部分。据统计，在全球股票市值中，健康产业相关股票的市值约占总市值的13%左右。据统计，2015年，我国健康产业的市场规模将达4万亿～5万亿元，至2020年，将超过10万亿元，市场潜力巨大。同时，随着社会经济的快速发展，城乡人民经济条件的改善与生活水平的提高、健康意识的整体增强、生活方式的全面改进以及人口老龄化的不断加速，人们对长寿养生产品和服务的需求急剧增长，为长寿养生产业的发展提供了广阔的市场空间。

贺州发展阶段性特征为长寿养生产业带来新机遇。贺州正处于工业化、城镇化加快发展的阶段，发展空间不断拓展，发展潜力巨大，随着贺州市特色农业、特色旅游、特色城镇建设加快推进，特色优势产业日益壮大，战略性新兴产业加快培育，生态环境优势进一步凸显，发展后劲不断增强，为贺州长寿养生产业发展提供了有力支撑。特别是随着改革的全面深化，长期制约贺州发展的体制机制障碍将逐步消除，营商环境日趋改善，制度红利将进一步释放，贺州市经济社会发展的动力将不断增强。

（二）面临挑战

产业总体规模小融合度低。贺州市区现有旅游业、生态农业等产业融入长寿养生理念少，长寿养生企业少且规模小、专业化程度低，未形成全产业链的统筹开发。同时,长寿养生企业局限于发展单一的长寿养生业态,长寿养生产业与医药产业、大数据产业之间融合度低,长寿养生产业发展水平和层次还比较低。

人才资源匮乏创新能力不足。长寿养生产业高层次、高水平的科研管理人才缺乏,科技支撑不足。特别是对作为新兴产业的长寿养生产业研发不足,长寿养生产品的科技含量低、附加值不高。

产业发展支撑不足。贺州市长寿养生产业发展还处于点状的、局部的发展状态,相关配套产业发展不足,研发、支持政策、法规制度相对滞后,缺乏统一的、与国际接轨的标准体系,产品与服务质量参差不齐,行业规范化建设不足。缺乏强有力的协调推进机制。

面临的竞争加剧。技术、资金、人才等产业要素资源配置主要集中于经济发达地区的基本状况未变,周边省市也有和贺州同类的资源,开发利用起步早,有些已形成较高知名度,如巴马等地已形成长寿养生的品牌和市场效应,对贺州发展健康养生产业带来一定压力。

第五章

贺州长寿养生产业发展战略

一、指导思想

以党的十八大、十八届三中、四中、五中、六中全会精神和自治区第十一次党代会、市第四次党代会为指导,贯彻落实全国卫生与健康大会以及习近平总书记视察广西重要讲话精神,坚持以提高经济发展质量和效益为中心,坚持守住发展和生态底线,深入实施主基调主战略,坚持开放带动、创新驱动,着力推动长寿养生理念与传统产业的创新融合,发展产业链和新业态;着力推动长寿养生示范园区、基地发展,打造产业发展平台;着力培育壮大长寿养生企业,加快完善大中小联动的企业层级结构;着力优化发展环境,增强市场活力,推动长寿养生产业市场化、融合化、高新化、集聚化发展,加快建设贺州"生态贺州·长寿胜地"健康养生品牌,着力培育贺州新的经济增长点,不断开创贺州卫生与健康事业改革发展新局面。

二、发展定位

"生态贺州·长寿胜地"。紧密结合推进创建国家级医养结合试点市、国家全域旅游示范区、全国生态保护与建设示范区等工作,坚持统筹规划、分步实施、重点突破,发挥贺州自然养生资源独特、长寿养生文化底蕴深厚等优势,以平台建设为抓手,加快发展独具特色、主业突出、融合联动的贺州长寿养生产业体系,把贺州打造成为全区领先、国内知名的长寿养生胜地。

采茶之趣

三、产业体系

——休闲养生。依托旅游、健康、生态、文化等资源,围绕维护身心健康,发展以回归自然、感受传统、放松身心等为调养手段的长寿养生

快乐戏水

欢乐避暑

花海漫游

油茶飘香

慢城慢旅

业态,主要包括生态文化休闲体验、避暑度假和长寿养老等。

——温泉养生。依托温泉资源,发展以温泉疗养、温泉保健等为调养手段的长寿养生业态。

——康体养生。依托山地、湖泊水体等运动资源,围绕促进身体健康,发展以动静有常、和谐适度的运动为调养手段的长寿养生业态,主要包括山地户外运动和水上运动等。

——滋补养生。以中医长寿养生理念为基础,依托绿色有机食品、中药材,围绕维护身体健康,发展以调饮食、补偏救弊和保健等为调养手段的长寿养生业态,主要包括绿色有机长寿养生食品、药膳健康养生产品和中医民族医疗保健等。

四、空间布局

(一)空间布局原则

1. 集群发展,空间联动原则

依托生态资源禀赋，不断集中集聚相关长寿养生资源要素，在一定区域范围内完善相关的服务配套设施，完善产业集群体系的空间结构，均衡的基础上突出重点，有序地发展养生产业的集群化。同时，产业集

长寿养生食品

群区之间打破行政区划的界限，进行广泛、深入的合作协作，通过统一规划、联动开发将各个集群发展片区分散的力量整合起来，形成区域竞争力，带动贺州产业集群联动发展的大格局。

2. 特色突出，功能互补原则

贺州养生产业的发展，离不开特色的生态健康资源和集群理念的创新，

温泉度假村一角

养生产业体系的布局要突出片区的特色,以特色为核心形成品牌竞争力,生态健康资源要素的集聚也会加剧相类似产业的竞争,因此,空间布局构建的过程中,也要充分地考虑协同发展和功能互补,以此提升产业的整体吸引力和竞争力。

3. 辐射带动,顺轴延伸原则

以两大增长极为基础,构建贺州长寿养生产业的核心集聚区,核心集聚区的功能定位,充分的发挥区位优势和高铁时代机遇,提升核心区的核心竞争能力和辐射带动能力,以核心交通干道为基础,积极的培育和发展长寿养生产业集群发展轴,发挥集群发展轴的带动作用,延伸集群空间,加强区域合作和交流,形成强大的产业集群发展支撑。

(二) 增长极的选择

增长极是产业集群中的核心产业、核心企业等力量,主导着产业集群发

表 5-1 贺州长寿养生产业集群两大增长极的选择

两大增长极	
八步区长寿养生产业集群	昭平长寿养生产业集群
思路:重点发展以生态养生、生态养老为主题的生态健康服务业;大力发展以有机茶叶、有机水稻、蔬菜、水果、中草药仿生种植,竹子、松、杉等乡土树种速生丰产林和以香化、花化以及彩化为主的景观林种植,林下养殖、渔业养殖为重点的生态农业;鼓励发展以茶饮料、中草药、保健饮料为主的有机长寿绿色食品、营养品等为重点的生态健康制造业。	
主要有:八步蔬菜产业示范区、信都生态健康制造业园区、特色种植业集群、生态健康旅游产业集群等。	主要有:昭平特色农业集群、黄姚古镇生态健康、休闲养生旅游产业集群、长寿养生养老产业集群等。

展方向和发展速度。增长极是贺州长寿养生产业集群的"发动机",充分发挥增长极的动力机制,提高贺州长寿养生产业集群的辐射效应,完善贺州长

寿养生产业集群体系，实现长寿养生产业集群的协调发展，有着重要的作用和意义。依据产业联系和空间集聚程度，来确定贺州长寿养生产业集群的增长极，即贺州长寿养生产业发展核心集群区，主要包括八步区长寿养生产业集群（八步蔬菜产业示范区、信都生态健康制造业园区、特色种植业集群、生态健康旅游产业集群等）和昭平长寿养生产业集群（特色农业集群、黄姚古镇生态健康、休闲养生旅游产业集群等），以这两大增长极为核心和基础，

茵笋基地

豆苗基地

有机蔬菜基地

表 6-2 贺州长寿养生产业集群发展空间布局

基本类型	区域范围	建设内容
核心集聚区	八步区、昭平县	八步蔬菜产业示范区、八步特色种植业集群区、信都长寿养生制造业园区、大桂山旅游休闲养生发展区、姑婆山旅游养老养生发展区、黄姚古镇生态旅游休闲养生发展区
优先发展区	平桂区、富川县、昭平县	富川现代特色农业发展区、富川工业园区、昭平特色农业园区、平桂水生蔬菜产业示范区、旺高工业园区、华南瑶族文化旅游片区
重点建设区	钟山县、昭平县	钟山长寿养生制造业发展带、富川-钟山特色生态农业示范带、昭平长寿养生产业发展带
辐射带动区	富川县、钟山县	富川旅游养老养生发展区、富川长寿养生制造业园区（华润循环经济产业示范区）、钟山工业集中区

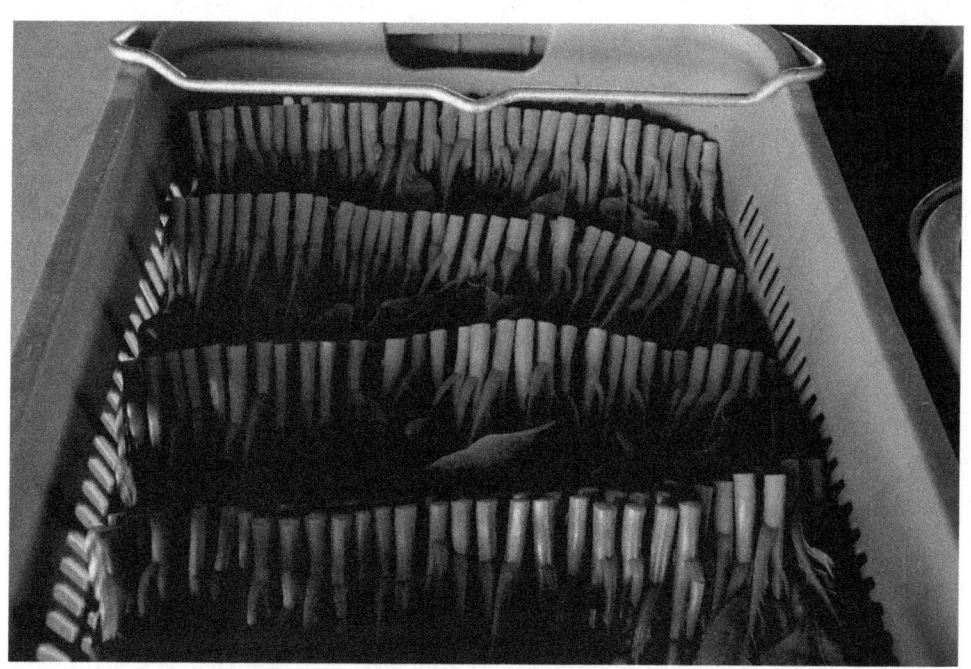

生态农业企业有机蔬菜

带动贺州长寿养生产业集群的发展，逐渐形成完备的长寿养生产业集群体系。

（三）长寿养生产业集群功能区域定位

政府和市场是区域经济协调的两大主体，效率和公平是区域经济发展兼顾的两大目标，增长极的率先发展可以为贺州长寿养生产业集群的快速发展打下坚实的基础，取得良好的经济效益，但是，另一方面还要兼顾地区公平，促使整个地区的长寿养生产业集群的均衡、协调发展，以确保贺州长寿养生产业集群整体竞争力的提升。因此，结合集群发展的增长极，确定贺州市长寿养生集群体系的区域功能定位：

1. 核心集聚区——"轴"

贺州市长寿养生产业集群核心集聚区为八步蔬菜产业示范区、八步特色种植业集群区、信都生态健康制造业园区、大桂山生态健康旅游休闲养生发展区、姑婆山生态健康旅游养老养生发展区、黄姚古镇生态健康旅游休闲养生发展区。该区域生态健康资源丰富且程度集中、经济基础较为雄厚、公共服务以及基础设施较为完备、人才优势明显，是提升贺州长寿养生产业集群竞争力的重要区域，这一区域长寿养生产业集群的发展，应该注意改变产业增长方式，把提高长寿养生产业增长的质量和效益放首位，实现产业集聚和扩散作用的发挥，应建设处一批产业里的龙头企业，作为产业集群的中坚力量。通过对八步、平桂、昭平生态、健康资源的整合，大力发展三区域的长寿养生产业，形成贺州市长寿养生产业集群的集聚区，形成"轴"式的稳定三脚架结构，为统筹全市长寿养生产业集群打下基础。

2. 优先发展区——"面"

贺州市长寿养生产业集群优先发展区为平桂水生蔬菜产业示范区、旺高工业园区、富川现代特色农业发展区、富川工业园区、昭平特色农业园区。尽管目前重点发展区长寿养生产业基础相对薄弱，但是其发展潜力巨大，是未来贺州长寿养生产业集群发展的增长极和崛起区，该区域产业集群充分联合核心集聚区的长寿养生产业集群，形成初步的贺州市产业集群"面"。该区域应该更好地利用各种资源，打造生态健康产业品牌，充实长寿养生产业基础设施和服务设施，加快扩散集群效益，承接核心集聚区的产业转移，促使长寿养生产业集群的快速发展，成为支撑贺州长寿养生产业集群的重要载体。

3. 重点建设区——"带"

贺州市长寿养生产业集群重点建设为钟山长寿养生制造业发展带、富川-钟山特色生态农业示范带、昭平长寿养生产业发展带。该区域有着丰富的生态健康资源，但分布较散，资源整合力度有限，但发展约束条件较小，易形成产业集群带，应当为贺州长寿养生产业集群的发展提供补充力，为长寿养生产业集群的发展保存后进空间，进行引导性发展。对于这一区域，应当制定详细的集群发展规划，加强区域内外、产业间的联系，形成独具特色的产业集群带。

4. 辐射带动区——"片"

贺州市长寿养生产业集群重点建设区为富川生态健康旅游养老养生发展区、富川生态健康制造业园区（华润循环经济产业示

农业龙头企业有机农产品冷库

农业龙头企业有机蔬菜冷库

范区)、钟山生态健康工业集中区。在充分考虑贺州市长寿养生产业的均衡分布,确保长寿养生产业集群全面发展的前提下,立足长寿养生产业特色资源优势,适度开发这一区域的长寿养生产业,积极改善长寿养生产业的发展环境,实施差异化的发展战略,转变集群增长方式,提高该区域集群发展水平,努力改善长寿养生产业专业化水平,以此区域的发展辐射带动更多片区点连线,线成面,面成网络,共建贺州市长寿养生产业集群体系。

五、对策措施

(一) 做好规划

学习借鉴广西巴马等长寿县的实践启示,结合实际做好集养生度假、养生食品、养生康疗、养生培训等养生产业整体规划,开发健康养生产业,着力把贺州打造成在海内外具有一流影响力和首选的休闲养生旅游目的地。重视协调发展,发挥好长寿办、长寿文化发展研究中心、长寿文化研究会等专门机构的作用,协调好农业、林业、水务、环保等相关部门的职能,统筹做好长寿文化、养生产业等规划与实施工作。

(二) 加强管理

"守住资源就是最大的财富"。要加强生态环境保护,把自然保护区、饮用水源保护区、清水通道保护区以及重要湿地、水体、山林等重要生态功能区进一步保护起来,禁止与其主体功能不相符合的开发建设活动。

(三) 重抓品牌

注重品牌发展战略与实施。一要扶龙头。通过如"正丰农业"、"现代农业"、"佳宝食品"、"西麦生物食品"、"故乡茶业"等龙头企业带动,建好长寿养生食品基地,不断提高产品的深加工附加值。二要凸品牌。做特做强做大具有本土特色的长寿养生食品如淮山、富硒茶、黄精酒、马蹄等,着力把这些长寿养生食品作为品牌进行打造和开发。突出抓好"五个一",即一杯茶(富硒茶)、一瓶水(长寿矿泉水)、一瓶酒(黄精酒)、一粒米(长寿稻米)、一个果(富川脐橙)等长寿食品生产基地,以及嘉宝食品、瑶香食品、故乡茶业等长寿食品加工企业建设,提升长寿食品产业实力。三要求质量。要从土壤、品种、产品等方面严格管理,引导企业标准认证,设立门槛授权有资质的名优企业统一使用已向国家知识产权局申请的长寿养生食品标识等,以维护和确保品牌质量。

(四) 主抓项目

以项目促进长寿乡可持续发展,在继续重视抓好老龄事业的同时,从政策上、项目上引导支持养老托老产业的发展。促进大项目能尽快落地建设,进一步丰富世界长寿乡内涵、促进外延的扩展与可持续发展。

(五) 夯实基础

要加大力度,不断完善交通、市政等基础设施建设,从接待硬设施到生态、产业发展等硬环境建设。采取多种路径和形式,不断提高城乡文明程度和市民文明素质。采取由内到外、由近至远、循序渐进的方式,加大对外宣传,让更多的人不仅能关注贺州、走进贺州,而且能置业贺州、发展贺州,从而使所有向往健康长寿和善良的人们共享"世外桃源"般的世界生态养生福地。争取尽快开通贺州到昭平高速公路,提升道路交通档次;加强乡村道路升级改造,完善景点景区之间道路交通体系。要在著名景点景区附近、在休闲养生人群密集地带的乡村建立一定规模的民族文化娱乐活动楼堂馆所,让宾客参与富有当地壮、瑶民族特色的节日娱乐活动,与当地各民族居民共享欢乐。在养老、疗养、度假宾客密集的长寿村屯,建立完善的金融、通讯等服务设施,建设不同档次不同特色的饭店、酒店、饮食店,服务于各类宾客的需要。

后 记

长寿养生文化是我国传统文化的重要组成部分，是对中华民族影响最为持久而深远的传统优秀文化之一，弘扬长寿文化和发展养生产业事关国计民生和百姓福祉。发展长寿养生产业是有效应对一个国家人口老龄化的必要部署和战略举措。

贺州长寿养生文化在漫长的历史发展过程中，勤劳勇敢、聪明睿智的贺州人民通过自己长期的探索实践与不断提升，运用自己的智慧创造出一套套独具特色的养生保健理论与方法，逐渐形成了独具贺州地域特色的长寿养生文化，成为华夏民族特色文化现象的重要组成部分，成为中华长寿养生文化中最具魅力的一个亮点。本书从国内外的养生思想、理论的形成和产业的发展，从多视角探求我国养生文化现象的内在目的和特征，并结合社会、经济、政治、哲学乃至艺术的诸多层面对贺州的长寿养生产业加以综合考研，认真分析了开发贺州长寿养生产业的优势与条件，从指导思想、发展定位、产业体系、空间布局、对策措施等方面，对发展好贺州长寿养生产业提出了对策措施。编委会对贺州的长寿养生文化及其产业发展总结出了一些亮点及经验，旨在为今后进一步弘扬与发展贺州优秀的历史传统文化提供翔实的资料参考，如果同时能为其他地方推进长寿文化研究和养生产业发展提供经验借鉴的话，我们也深感欣慰。

此书的编辑出版，我们参考引用了相关的文献资料，也得到了各级领导、部门和众多专家学者、朋友及世界图书出版公司的大力帮助，在此深表谢意！

由于编写时间仓促，加之水平有限，不足或错误之处在所难免，敬请各位读者谅解与赐教。

编者
2017 年 8 月

参考文献

[1] 王平, 郭岚. 试论元气与养生长寿 [J]. 中医杂志, 2012, 08:715-717.

[2] 饶洪, 李志毅. 研究开发中医养生文化对发展河南省中医药文化产业意义重大 [J]. 河南中医, 2012, 06:723-724.

[3] 秦晓军. 景观设计在乡村旅游规划中的运用浅析——以广西巴马县盘阳河长寿养生休闲旅游开发为例 [J]. 广西林业科学, 2012, 02:174-177.

[4] 叶方长, 罗根香, 郑素云. 丽水市休闲养生产业发展研究 [J]. 绿色科技, 2012, 06:39-40.

[5] 唐振宇. 巴马长寿现象与壮医养生保健 [J]. 时珍国医国药, 2012, 07:1785-1786.

[6] 褚宇帆, 唐静. 传统养生、涵养道德与健康长寿之原理 [J]. 体育学刊, 2002, 02:59-61+66.

[7] 朱安洲, 杨慧馨, 王婷, 杨宝垒. 从集聚战略的视角审视太极健身娱乐产业的定位与开发——由"太极养生堂"引发的思考 [J]. 山东体育学院学报, 2014, 01:47-50.

[8] 黎丽. 打造民族文化品牌 推进巴马长寿养生国际旅游区建设 [J]. 桂海论丛, 2014, 01:125-128.

[9] 陈小平, 孙相如, 何清湖. 中医养生文化产业发展的瓶颈及对策研究 [J]. 湖南中医药大学学报, 2014, 04:62-65.

[10] 司富春, 宋雪杰, 高燕. 我国养生保健产业健康快速发展策略研究

[J]．中医研究,2014,09:4-7．

[11]麦艳．对创建巴马长寿养生国际旅游区的思考[J]．经济与社会发展,2014,03:36-38．

[12]黄璐．巴马发展长寿养生旅游 SWOT 分析[J]．沿海企业与科技,2014,04:56-59．

[13]唐振宇,覃绍峰．浅析广西巴马少数民族长寿老人的养生之道[J]．中国民族医药杂志,2008,12:74-76．

[14]李甫春,黄鼎坚．盘阳河流域长寿养生产业开发研究[J]．经济与社会发展,2008,01:61-65+156．

[15]唐建兵．开发森林养生旅游 打造阳光健康产业——以德阳市和新镇旅游开发为例[J]．商场现代化,2008,25:336-337．

[16]梁晶,郭卫平．养生长寿重在补肾[J]．吉林中医药,2006,02:7-8．

[17]丁月玲．从回族的节食习俗谈养生长寿[J]．中国穆斯林,2001,06:28-30．

[18]王品山．论胎息法调气养生长寿的实践意义[J]．中医药学刊,2001,06:548-549．

[19]"郴州汝城温泉养生文化研究"课题组．温泉旅游业与健康产业结合要有文化依托——以汝城福泉温泉养生文化构建为例[J]．中国国情国力,2011,02:59-61．

[20]蔡莉娴,王德义．探析徐州彭祖养生文化产业的振兴之路[J]．扬州大学烹饪学报,2011,01:25-29．

[21]夏登波．建设国际旅游岛背景下海南中医养生产业面临的机遇和挑战[J]．琼州学院学报,2011,01:80-81．

[22]王平,汪华,张子龙,胡慧,石和元．构建湖北特色养生与长寿文化体系的意义与思路[J]．中西医结合研究,2011,01:42-44．

[23] 王娜. 北京延庆县发展休闲养生产业的 SWOT 分析 [J]. 山西师大学报（社会科学版）, 2011, S2:20-22.

[24] 李小云, 田银生. 休闲养生产业定位与城市品牌塑造——以南阳市为例 [J]. 资源与产业, 2011, 04:27-31.

[25] 滕腾. 巴马乡村养生旅游长寿文化意象与培育 [J]. 江苏商论, 2011, 08:115-117.

[26] 张壮, 赵红艳, 吕明. 打造森林健康养生最佳基地——黑龙江省伊春市旅游服务产业发展之我见 [J]. 中国林业, 2011, 20:37.

[27] 蔡敏, 梁韬, 张乐, 吴攀龙, 朱洪. 海南省五指山市发展医疗养生旅游产业的探究 [J]. 消费导刊, 2010, 01:45-47.

[28] 周蓉, 薛芳云, 冯丽梅. 从陆游的长寿与李贺的早夭看传统精神养生法及对当代社会的启示 [J]. 山西高等学校社会科学学报, 2010, 03:118-119.

[29] 张跃西. 基于有机茶产业的养生旅游开发探讨——以中国有机茶之乡武义为例 [J]. 热带农业科学, 2010, 01:73-78.

[30] 唐建兵. 森林养生旅游开发与健康产业打造 [J]. 成都大学学报（社会科学版）, 2010, 04:74-77.

[31] 丁宁宁. 国际养生养老"产业"发展趋势 [J]. 政策瞭望, 2010, 09:48-49.

[32] 魏彦彦, 萧振禹, 原野. 彭祖长寿养生文化论 [J]. 市场与人口分析, 2005, S1:130-132.

[33] 胡穗长, 承伯钢, 夏韵, 周晓燕, 胡泉林, 李昊. 乌龙长寿药茶养生作用的临床研究 [J]. 上海中医药杂志, 1994, 07:11-12.

[34] 王志平. 简明彭祖养生长寿健身术及其功效解析 [J]. 武夷学院学报, 2014, 04:104-109.

[35] 张文菊. 产业融合视角下的西南地区养生养老旅游发展战略研究——以广西桂林为例[J]. 南宁职业技术学院学报, 2015, 03:97-100.

[36] 赵宁, 张彤彤. 论春秋时期政治家晏婴的长寿养生之道[J]. 兰台世界, 2013, 09:122-123.

[37] 龙照勇. 建设巴马长寿养生国际旅游区着力构筑旅游发展新格局[J]. 广西经济, 2013, 07:15-16.

[38] 邓沂, 马波, 储成志. 人口老龄化背景下安徽省养生养老产业发展展望[J]. 中国老年保健医学, 2013, 05:5-6.

[39] 张跃西. 产业生态旅游理论及养生旅游开发模式探讨[J]. 青岛酒店管理职业技术学院学报, 2009, 01:6-9+26.